You are more than you think you are

あなたは自分が思っているより価値がある

ヨガの聖人ヨガナンダの教え

キンバリー・スナイダー Kimberly Snyder　芝 瑞紀 訳

サンマーク出版

わが最愛の師、パラマハンサ・ヨガナンダに。

あなたの光が永遠に輝き、本書を通じて真理を求める人々の心に届くことを祈っています。

あなたへの無限の愛と感謝の気持ちは、言葉では表せません。


そして、読者であるあなたに。

本書を手に取ったあなたは、すでに真理の探究者です。

この本が、真のあなたを照らし出す助けになることを願います。

Part 1 「意識」が変わる

第1章 あなたは自分が思っているより価値がある

第2章 あなたは恐れを知らない

第3章

あなたは戦士

第4章

実践する——隙間に生きる

第5章

あなたは愛

第6章

あなたは完全

Part 2
「創造」する力を手に入れる

第9章

あなたは自信

第10章 実践する——瞑想②第三の目

第11章 あなたは直観

第12章

あなたはパワーの源

第13章 実践する――生命力をたっぷり充電する

第14章 あなたは美

Part 3
「真の力」を解放する

第17章 あなたは豊かさ

第18章 実践する——マントラを唱える

第19章

あなたは創造

装丁　重原隆
翻訳協力　株式会社リベル
編集協力　株式会社鷗来堂
本文デザイン　荒井雅美（トモエキコウ）
ＤＴＰ　天龍社

＊本文内の［　］は訳註

Part 1

「意識」が変わる

第1章

あなたは自分が思っているより価値がある

あなたはまもなく知るでしょう。
これまで気づかなかっただけで、
自分のなかにはすばらしいものが
秘められているのだと

パラマハンサ・ヨガナンダ[1]

進むべき道を見つける

あなたは自分が思っているより価値がある。

この言葉を素直に受け止めるのはむずかしいかもしれません。私自身、子どものころに母からそんなふうに言われたことがありますが、少しも信じられませんでした。むしろ、自分は思っている以上に価値がない人間だと感じていました。

思春期のころの私は、世の中の多くの若者と同じように、自尊心が低く、知性や能力に自信がもてず、こんな自分を愛してくれる人がいるのかと悩んでばかりいました。どこに行っても重苦しい気持ちがついてまわりました。不安にさいなまれ、よく眠れず、少しの安らぎさえ見出せない日々が続きました。外見と成績のことが頭から離れず、他人の目ばかり気になって、いつもイライラしていました。そういうあれこれが重なって、私は衰弱する一方でした。

でも20代の初めごろ、インドのリシュケシュでふらっと入った小さな本屋で私の人生は一変します。

その2年ほど前から、私はバックパッカーとして世界中を旅していました。大学は卒業していましたが、義務と責任に満ちた〝現実〟に飛び込む前に、異なる文化をこの目で見てみたい、体験したいという気持ちがあったからです。最終的に私の旅は3年も続き、50以上の国を訪れることになりました。結局のところ、私が求めていたのは、少しでも長く現実を遠ざけておくことだったのです。

あのころの私は、風に吹かれる木の葉のようなものでした。将来の展望などないまま、なけなしの貯金をかばんに詰めて、世界各地をあてもなくさまよっていました。最低限の衣食住とささやかな冒険があればどこでもいい――そう思っていたのです。その観点から言うと、インドは理想的な国でした。なかでも、ヒマラヤ山脈のふもとに位置する（そして〝世界のヨガの首都〟として知られる）リシュケシュは、わずかなお金で生活するのにちょうどいい場所だと思えました。

私はリシュケシュのアシュラム（ヒンドゥー教の僧院）に滞在することにしました。汚くて、埃っぽくて、シャワーも使えませんでしたが、1日わずか数ドルで泊まれるのが魅力的でした。でも、ひとつだけ問題がありました。安い価格でアシュラムに泊まるためには、2週間をそこで過ごし、修行僧とともにヨガと瞑想を行い、共用スペースの掃除などの雑用もしなければならなかったのです。

そのアシュラムで、私は初めてヨガに触れました。修行僧たちが行っていたのは、当時アメリカではやっていたフィットネス系のヨガではなく（私はこのタイプのヨガしか知りませんでした）、瞑想とプラーナヤーマ（呼吸法）に焦点を当てた伝統的なヨガでした。

しばらく経ってから、私はアシュラムを出ることにしました。静かで閉鎖的な空間から抜け出し、鮮やかな色彩と喧噪に満ちたインド社会に足を踏み入れたいと思ったからです。その日を境に人生が大きく変わることになるなんて、そのときは夢にも思っていませんでした。

アシュラムの塀の向こうに広がっていたのは未知の世界でした。猿や牛があたりまえのように歩きまわり、シヴァ神やラーマ神の絵を思わせる派手な彩色が施された人力車（リキシャ）があちこちで行き交っていました。通りには屋台がずらりと並び、菩提樹の実（ルドラクシャ）のブレスレット、小さな彫像、ホットスナック、オレンジの花輪などが売られています。そんな光景を眺めながら歩いていると、屋根の傾いた小さな本屋を見つけました。スピリチュアルな本を専門に扱っているようで、店内にはヨガや瞑想に関連する本が何百冊も並んでいます。

私はなかに入ってみました。

ヨガナンダとの出会い

店内をぶらぶらと見物していると、ひとつの棚が目にとまりました。そこには、淡い青色の表紙にタイトルと著者名だけが黒字で印刷された本が何冊か置いてあります。私はそのなかの1冊を手に取って開いてみました。『ヨーガの普遍性（The Universality of Yoga）』（未邦訳）というタイトルで（ありがたいことに英語で書かれていました）、著者はパラマハンサ・ヨガナンダという人のようです。聞いたことのない名前でした。

でも、最初の数行を読んだ瞬間、全身に鳥肌が立つのがわかりました。そのまま「自己変革の可能性」についての記述を読んでいると、背筋に〝火〟のような感覚が走りました。それまで経験したことのない巨大なエネルギーが一気に押し寄せてきた感じです。「これはいったいなんなんだろう？」と私は思いました。その後もページを繰るたびに、エネルギーが強まっていくのがわかりました。私はもう、その小さな本を棚に戻す気にはなれませんでした。

本のなかで、ヨガナンダはさまざまなことを語っていました。自己実現によって本当の自分になるということ、自分の内に秘められた真の力（それがどんな力であれ）にアクセスする方法、あらゆるものごととあらゆるエネルギーは相互に関連しているという考え方……どの言葉も、私の魂に深く入り込んできました。短いフレーズのひとつひとつが、身体のなかで爆発を起こすのです。以前、ヒッピーの友人や放浪中の求道者たちから似たような話を聞いたことはありましたが、彼らの話にはそのような力はありませんでした。私は30ルピーで売られていたその本と、同じ棚にあったヨガナンダの本をすべて買って店を出ました。

ヨガナンダの本を読んだことで、私の人生は文字どおり一転しました。物質主義に凝り固まった狭い視野を捨て、より大きなビジョンをもって現実と向き合えるようになったのです。裏を表に着ていたTシャツを一瞬で裏返す方法を教えてもらったような気分でした。**ようやくロゴが前に出てきたのです。**ヨガナンダの教えには、当時の私が思っていた以上の力がありました。人生が単によいものになったのではなく、最高のものになったのですから。

驚いたことに、ヨガナンダが短いメッセージを通して教えてくれたのは、かつて私の母が言ったのと同じことでした。

あなたは自分が思っているより価値がある。

これは読者のみなさんにも言えることです。あなたにも、自分が思っている以上の価値があるのです。本書を読めば、そのことを実感できるでしょう。

悟り、それはすなわち自由

多くの人と同じく、私も長い時間をかけて何かを探していました。でも、その何かがなんなのかはわかっていませんでした。受け入れられること、認められること、すてきなボーイフレンド（そして夫）、お金……私は思い当たるものを片っ端から求め、幸運にもすべてを手に入れたのですが、それでもまだ何かが足りない気がしていました。時が経ち、ヨガナンダの教えを学ぶなかで、ようやくその理由がわかりました。私が本当に手に入れなければならないのは、自分の内側にあるものだったのです。自分の外側にあるものは、どれだけ魅力的に見えたとしても、私たちが本質的に抱える〝空白〟を埋めることはできません。

結局のところ、私が求めていたのは「自由」でした。自由は、光と喜びと安らぎをもたらすものであり、生きる意味を与えてくれるものであり、生涯をかけて追求したいと思えるものです。その観点から言うと、**私にとっての自由とは「他者のために何かをするこ**

と」でした。

あるとき、私が求めている自由を簡潔に言い表している言葉を知りました。「悟り」です。悟りとはすなわち、自分が何者かを知るということです。この言葉は、私の想像をはるかに超えて奥が深いものでした。

悟りと聞くと、壮大なもの、困難なものだと思うかもしれませんが、そんなことはありません。ブッダやイエスじゃなくても悟りは開けるのです。

「悟りを開く」とは「完全に目覚める」ということです。自分の内側にある喜びと愛を、つねに余すところなく感じることです。ブッダもイエスもヨガナンダも、そのような次元で生きていました。そして、あなたも私もその境地に達することができます。

悟りという壮大な山は、必ずしも頂上まで登る必要はありません（頂上を目指すのはおそらく一部の求道者だけです）。ある程度のところまで歩いていけば、健康や人間関係、キャリア、財政面といった人生のあらゆる側面がよい方向に変わっていくはずです。

本書の目的は、読者のみなさんを悟りへの道にいざない、自分の本当の価値を知ってもらうことです。悟りへの道を歩けば、本当の自分の姿が少しずつ明らかになっていきます。いずれ、自分で定めていた限界を超えて、これまで知らなかった真の力を実感できるでしょう。

悟りの境地に踏み込み、みずからの潜在能力をすべて引き出し、人生をよい方向に変えるには「真の自己」の力にアクセスする必要があります。友人のソーシャルメディアの投稿を見て自分を卑下したり、流行のダイエットに失敗して落ち込んだりするのはやめましょう。**本当のあなたは、何にも縛られることなく、無限の能力と可能性を発揮できる存在なのですから。**

真の自己

では、真の自己とはどういうものなのでしょう。この言葉について説明するだけで、本を1冊書けるかもしれません。実際、数々の著作を残しているヨガナンダも、真の自己をテーマにした本を何冊も書いています。とはいえ、本書でこのテーマを深掘りするつもりはないので、次の簡単な定義だけ覚えておいてください。

真の自己とは、私たちの誰もが秘めている、強固で、忠実で、誠実で、勇敢で、穏やかで、創造的な知性のことです。

私たちがふだん、「スピリット」とか「愛」とか「宇宙の意識」とか「神」とか呼んでいるのと同じものであり、あなたという存在における神聖な部分なのです。

あなたを構成するあらゆる器官が同時に活動し、警戒したり、集中したり、幸福を感じたりするとき、真の自己は姿を現します。たとえば、家の鍵を無くしたとか、子どもが部屋を汚したとか、当座預金がマイナスになったとかいう状況で、なぜか冷静に対処できた経験はありませんか？　そういうとき、あなたは真の自己の力を発揮しているのです。

ヨガナンダの言葉を借りるなら、真の自己を目覚めさせるには「自分のなかにいる神聖な存在を認める」ことが必要です。彼は次のように述べました。

「毎晩、瞑想を行い、みずからの魂の神殿に腰を落ち着けなさい。そこには神の喜びが満ちていて、その喜びは世界中に広がっていきます。やがてあなたは、それ以外のものなど最初から存在していなかったことに気づき、こう言うでしょう。『私は神なる永遠の光と一体です』[2]」

ヨガナンダが言わんとしたのは、あなたという存在と、すべての人間、すべての創造物を動かすエネルギーとのあいだに隔たりなど存在しない、ということです。

自分が何者かを思い出す

でも実際には、ほとんどの人は自分が神聖な存在だなんて思っていません。その理由は単純です。私たちは、自分が本当は何者かを忘れているのです。それはある意味、でこぼこでカーブだらけの道路を走っているのに、ハンドルに手を置いたまま眠っているようなものです。その状態のまま、車の行き交う交差点に進入しようとしているのです。もしあなたが、自分が何者なのかを知り、「私には自分が思っている以上の価値がある」と実感したいなら、まずは目を覚ましてください。そして、内なる自分にハンドルを握らせて、人生をコントロールさせましょう。

ここでひとつ、大事なことをお伝えしておきます。ヨガナンダという人物は、スピリチュアルの指導者であると同時に作家でした。講演や著作を通して何度も神について語ったものの、自分の教義や規範を押しつけたりはしませんでした。彼がしようとしたのは、あくまでも「人々の潜在能力を最大限に引き出す」ことです。だから、もしあなたが本書を読みながら「神」という言葉に抵抗を覚えたなら、「愛」「スピリット」「宇宙の意識」「崇高なる力（ハイヤーパワー）」といった言葉に置き換えていただいて大丈夫です。

極論を言えば、呼び方なんてどうでもいいのです。本書の目的は、読者のみなさんに「真の自己」の力を体験してもらうことです。その体験は一過性のものではなく、みなさんの人生を通して続いていくでしょう。

ヨガナンダの教えは、東洋と西洋のあらゆる思想に敬意を払いながら、普遍的なメッセージを私たちに届けてくれます。あなたが強い信仰心をもっていようと、あるいは不可知論者だろうと、ヨガを遠ざける理由にはなりません。ヨガがもつ「愛」と「縁」の力は、相反する信念同士を結びつけます。ヨガは、あなたの信念体系を損なうものでも、取って代わるものでもありません。むしろあなたの精神と肉体、魂を磨き上げるものなのです。

クリヤ・ヨガ

西洋ではよく、ヨガとは特殊なポーズ（坐法（アーサナ））を学ぶものだと教えられます。あなたも、ヨガのポーズをとってみたことが一度くらいはあるでしょう。もしかしたら、近所のジムやヨガスタジオに熱心に通い、必死に身体を動かしている読者もいるかもしれません。でも、そのような身体的な動きを重視するのは「ハタヨガ」や「ヴィンヤサヨガ」といった一部のヨガだけです。本書で紹介するヨガは、身体的な動きにそこまで重点を置いていません。

ヨガは単なる運動ではありません。数千年前の東洋の叡智を集めた奥の深い科学であり、自分で定めた限界を超え、恐怖と自信のなさを克服するのに役立つツールです。ヨガには、理想の人生を構築し、欲しいものを引き寄せ、身体や顔つきに変化をもたらし、穏やかで喜びに満ちた日々を送れるようにする法則と秘密が隠れています。

ヨガナンダの教えは、あらゆる体系のヨガの本質を組み合わせた「ラージャ・ヨガ（王様のヨガ）」に焦点を当てています。ラージャ・ヨガの中心となっているのは、瞑想とプラーナヤーマ（生命エネルギーをコントロールする呼吸法）です。科学に裏づけられたこれらの技法は、クリヤ・ヨガという名でも知られています。ヨガナンダはクリヤ・ヨガを「高速道路」と呼び、真の自己を目覚めさせるための最も効率的な道だと述べました。1920年、彼は〈セルフ・リアリゼーション・フェローシップ〉という団体を設立し、クリヤ・ヨガの科学を通じてスピリチュアルな意識を養う方法を人々に教えはじめました。ここで重要なのは、ヨガナンダが「クリヤ・ヨガを日常生活でどう活かすか」を説いたという点です。

先ほども述べましたが、ふだんの生活のなかで、広大さ、愛、誠実さ、勇気、安らぎ、創造性といったものを実感できている人はあまりいないでしょう。孤独や不安にさいなまれ、限界を感じ、「自分はなんて小さい存在なんだ」とふさぎ込んでいる人のほうが圧倒的に多いはずです。なかには、この本を手に取ってみたものの、「〝真の自己〟だなんて大層なことを言われても……」と困惑している人もいるかもしれません。そういう人は、もっと現実的なこと、たとえば次の給料のこととか、大切な人の健康のこととかで頭がいっぱいになっているのだと思います。その気持ちはよくわかります。私たちにとって何より大切なのは、一日一日を堅実に生きることです。そのことを否定するつもりはありません。でも、はっきり言わせてください。真の自己にアクセスすることは、ほかのどんなことよりも重要です。あなたの生活が変わるだけでなく、あなたを〝救う〟ことにもつながるのです。

このようにはっきり言いきれるのは、私自身が真の自己に救われたからです。ヨガナンダの教え、つまりヨガの科学の核心について学び、人生がよい方向に変わったからこそ、読者のみなさんにも勧めたいと思ったのです。長年の夢をかなえ、こうして本を書いているのも、不安と混乱でどうにかなりそうな状態から抜け出せたのも、数々の困難を乗り越えて本当の幸福を手に入れられたのも、ヨガナンダの教えのおかげなのです。

ゼロから始める

本を執筆するとき、私はいつも自分が本当に勧めたいことを書くようにしています。これまでに出版した本では、食事やライフスタイルについて書いてきました。でも、今回は少し趣が異なります。人生のあらゆる領域において、最も重要で、最も価値があり、最も喜びをもたらす秘訣を、みなさんに紹介したいと思います。

私はよく、こんなことを聞かれます。

「まず何から始めたんですか?」
「どうやって理想のビジネスを立ち上げたんですか?」
「どうすればカリスマ性を身につけられるんですか?」
「何をすればそういうふうに健康的で活発になれるんですか?」

答えは簡単です。「魂の力」を活用すればいいのです。

本書を読めば、私がどのように真の自己にアクセスし、ヨガナンダの教えを応用して最高の人生をつくり上げたかがわかるでしょう。自分の真の価値を知ってから、思い描いたとおりに生きられるようになりました。そして、あなたにも同じことができるのです。

世間の人たちを見ていると、ヨガナンダの教えがかつてないほど必要とされていることを実感します。人々の不安や混乱、不平や不満がこれほどまでにあふれている時代があったでしょうか？

多くの人は、自分のことしか考えられず、ニュース番組やソーシャルメディアを見て悩みを解決しようとしています。そういう人たちを見ているうちに「この人たちは、数々の分厚い本のなかにある宝物のような文章を知らないまま生きていくのだろうか？」という不安が頭をよぎりました。それは私にとって見過ごせない事態でした。

だからこそ、**私はヨガナンダが書いた数千ページにわたる著作や文書を読み、その核となるいくつかの教えを集め、「気軽に読めて役に立つ本」として世に送り出すことにしたのです。** ヨガナンダの教えを深く掘り下げたところ、日々の生活に取り入れ、人生を変えられるような宝物がたくさん出てきました。リシュケシュで初めてヨガナンダの本を手に取ったあの日以来、私は彼の教えとともに生きています。彼は、私のスピリチュアルの師（グル）です。私の人生における大切なもの――平穏、喜び、愛する家族、やりがいのある仕事――は、彼の教えがあったからこそ手に入れられたのです。そしていま、師が授けてくれた知恵をこうして分かち合えることを、心からうれしく思っています。

あなたはまもなく、大きな変化をもたらし、幸福と刺激と満足を与え、壮大な人生へと導いてくれる力が自分のなかにあることに気づくでしょう。あなたがしなければならないのは、本書を読んで、各章で紹介するエクササイズや練習法を実践し、そのすばらしい力にアクセスすることです。**新しい資質を「手に入れる」必要はありません。すでにもっているものを発見し、それを引き出すだけでいいのです。**

パラマハンサ・ヨガナンダについて

ヨガナンダとはどのような人物だったのでしょう？　なぜ彼の教えがそこまで重要なのでしょうか？

ヨガナンダは1800年代の終わりに生まれた僧侶で、古来伝わる神聖な瞑想法をはじめ、クリヤ・ヨガの技法を世に広めた聖人のひとりです。1920年、彼は仲間とともに、インドの聖人として初めてアメリカに渡り、西洋の人々を救うためにヨガの思想を説きました。その後は一度しかインドに戻りませんでしたが、そのたった一度の帰郷の際にマハトマ・ガンジーに会い、クリヤ・ヨガを伝授しています。

ヨガナンダは子どものときから霊的な才能に秀でていました。彼の両親はともに、高名なヨガ指導者であるラヒリ・マハサヤの弟子です。あるとき、ヨガナンダの母親は、まだ幼いわが子をラヒリ・マハサヤのもとに連れていきました。するとマハサヤは、祝福の言葉をかけてから「この子はいつか偉大なヨガの師になる」という予言をしたと言われています。やがてヨガナンダは、敬愛する指導者のスワミ・スリ・ユクテスワ・ギリのもとで僧侶としての修行を積みました。この指導者も、ヨガナンダにこう告げています。

「おまえは選ばれし者だ。西洋に、さらには全世界に、古くから伝わるクリヤ・ヨガの科学を広めるために生まれてきたのだ」

ヨガナンダのメッセージは非常に力強く、多くの人の心を震わせたので、いつしか彼が教えを説くときはアメリカ中から人が集まるようになりました。ヨガナンダはいまでも、文化や宗教の枠を超え、普遍的な祝福の源となるメッセージを全世界に伝える「ジャガドゥグル」としてその名を知られています。彼は、ニューヨークのカーネギーホールからロサンゼルスのフィルハーモニック公会堂まで、名だたる会場で講演を行いましたが、席はいつも数千人の観客で埋まっていました。ヨガナンダの名は広く知られ、当時のアメリカ大統領のカルヴィン・クーリッジと面会したり、身分や職業の異なる多くの求道者に進むべき道を示したりするまでになりました。魂が肉体を離れたあとも、ヨガナンダの思想が消えることはなく、ビートルズのジョージ・ハリスン、エルヴィス・プレスリー、スティーブ・ジョブズといった人々に影響を与えつづけたのです。ヨガナンダの著作『あるヨギの自叙伝』［和訳は森北出版刊］は、スティーブ・ジョブズが自分のiＰａｄにダウンロードしていた唯一の書籍だと言われています。ジョブズは、ヨガナンダの教えが自分のクリエイティブな才能をより高い次元に引き上げると理解していたのです。さらに彼は、世界に向けた最後のメッセージとして、自分の追悼式の参列者には茶色い箱に入れたこの本を贈るよう手配していたようです。

このエピソードからも、ジョブズがヨガナンダの教えにどれほど強い思いを抱いていたかがわかるでしょう。

本書があなたの人生にどう役立つか

本書の目的は、私がヨガナンダの知恵に触れるなかで学び、経験したことを、みなさんと分かち合うことです。別の言い方をすると、古代の東洋の教えを紹介し、真の自己にアクセスする方法、よりすばらしく、より意義深い人生を送る方法を多くの人に知ってもらうことが私の願いなのです。読者のみなさんが〝高速道路〟に乗り、新しい考え方を学んで、本当の自分とつながれる場所、平和、健康、幸福、豊かさに満ちた場所にたどり着いてくれたらうれしく思います。

もちろん、学ぶ側にも相応の努力が求められます。とはいえ、生活がいまよりも大変なものになることはありません。これまで以上に努力するのではなく、これまでどおりの努力をしながら少しだけ焦点をずらせばいいのです。世間では、生産性を上げる方法や、時間を節約する方法などが大きく取り上げられていますが、私たちに必要なのはそうしたテクニックではありません。別に、多くを求める必要はないのです。ヨガナンダの教えの基礎は、サンスクリット語で「プラーナ」と呼ばれる生命エネルギーを解放し、利用し、拡大することです。プラーナは、健康、目的、人間関係、そして実現力をつかさどるものです。プラーナを活用するすべを学べば、人生はよりよい方向に変わっていくでしょう（プラーナおよびその活用法については第4章で詳しく説明します）。

また、内なる力を活用すれば、夢を漠然とした願望から現実へと昇華できます。あなたはいまよりもずっと賢くて鋭い人間になり、より広く深く世界をとらえることができるのです。視界がクリアになり、世界が色鮮やかに見え、食べ物がおいしく感じられ、直観がさえわたり、毎日が喜びと刺激と安らぎと自信で満たされます。そしておもしろいことに、地位や名誉といった物質的なものも簡単に手に入るようになるのです。これらはすべて私自身が体験したことですが、あなたにも同じ体験が待っていることを保証します。

本書の使い方

私たちの最終的な目標は「悟りを開くこと」です。本書で紹介するヨガの知恵を何度も反芻し、瞑想を実践しながら、悟りへの道をともに歩んでいきましょう。正しい指導のもとで、正しい手順を踏んで行われる瞑想は、真実を体験する究極の方法であり、真の自己の驚くべき力にアクセスする究極の近道です。

本書では、効果的な瞑想の方法と、多岐にわたるヨガの練習法を紹介します。それらを実践しながら、知識だけでなく経験に基づいてヨガへの理解を深めていってください。また、「振り返り」のための質問もいくつか用意しました。「振り返り」の効果を最大限に引き出すために、**日記をつけることをお勧めします。**質問のなかには、健康診断を受けるように、定期的に見直したくなるものもあると思います。あなたが成長と発展を続ければ、意識はより高まっていき、質問への回答も変わっていくことでしょう。それから、本書で〝練習〟という言葉を使うときは、瞑想の練習だけでなく、エネルギーを内側に集めることなど、あらゆる練習を指していると覚えておいてください。

悟りへの旅を始めるにあたって、お願いしたいことがあります。**本書は頭から順に読み**

進めてください。それぞれのパートは、前のパートで学んだことを土台にして書かれているからです。

パート1は基礎編です。過去の恐怖や、身体的、感情的、霊的な問題に対処し、愛と目標に意識を向ける方法を紹介します。

パート2では、自分自身への理解を深めながら、「平和」「自信」「真の美しさ」といったテーマを掘り下げていきます。パート2まで終えたら、あなたはすでに自分が望むものを「創造」する力を手にしているはずです。

パート3では、あなたの真の力を解放します。あなたが生み出せる最高のものを世界に送り出し、嘘偽りのない、永遠に続く「豊かさ」を手に入れましょう。

美しくて有意義な人生は、つねにあなたの手のなかにあります。ヨガナンダはこう言いました。

「人生において最高のことを成し遂げるには、身体と精神に秘められた力、つまり、あなたという存在の奥深くにある本質的な部分からわいてくる力を活用しなければなりません。それこそが真のあなたであり、あなたの魂です。そして、それは神の姿に似せてつくられたものなのです[3]」

第2章

あなたは恐れを知らない

暗闇は、何千年ものあいだ洞窟を
支配しているかもしれません。
しかし、ひとたび光を取り入れれば
跡形もなく消え去ります。まるで、
最初から存在しなかったかのように

パラマハンサ・ヨガナンダ[1]

恐れを知らない自分になる

「あなたは恐れを知らない」

この言葉を聞いて、多くの人がこんなふうに思うことでしょう。

「そんなことない！　私には恐れていることがたくさんある。お金がなくなることとか、孤独になることとか、ひどい病気にかかることとか……ほかにもいろいろ！」

その気持ちはわかります。でも、そういう恐怖や不安の裏には、真の勇気が隠れています。そして私たちは、その勇気を必要に応じて活用できるのです。

もちろん、私たちが感じる恐怖のなかには健全なものもあります。健全な恐怖は、私たちが安全に生きるために欠かせないものです。見るからに凶暴そうなアライグマと遭遇したときや、激しい雷雨のなかで車を運転するときに恐怖心を覚えるのは当然なので、その感覚をなくしてはいけません。

でも一方で、人前で意見を言うのが怖いとか、他人に誤解されるのが怖いとか、失敗するのが怖いといった気持ちに悩む人も多いでしょう。それらはすべて、自信のなさから生まれるものであり、根本をたどると、真の自己とうまく結びついていないことに起因しています。もしあなたが、自分を不十分な存在、愛される価値のない存在だと思っているとしたら、エゴにとりつかれている証拠です。エゴとは、真の自己のアンチテーゼだと覚えておきましょう。

エゴの役割と機能不全

人がエゴを備えているのには理由があります。私たちは、エゴによって過去の経験を統合し、そこに文脈を与えています。つまりエゴは、あなたの人間性の一部なのです。でも、エゴがうまく機能しなくなると（エゴはしょっちゅう機能不全に陥ります）、あなたは自分をだまし、偽りの自己を形成するようになります。エゴに支配された人は、一見もっともらしくふるまいますが、実際は知恵ではなく恐怖に従って生きているのです。一方、真の自己は愛と全体性によって成り立っています。恐怖の原因は、たいていの場合「何かを失う」ことですが、真の自己に目覚めれば何も失ったりはしません。「恐れを知らない」とはどういうことかを学べば、人生は新しい次元へと旅立ちます。自分を疑い、中途半端に生きるのではなく、本当に欲しいものを全力で追い求めながら生きていけるでしょう。恐れ知らずの状態になれば、人生という森をまっすぐ進むことができます。何度も足を止めたり、脇道に迷い込んだりしなくてすむのです。この「恐れ知らず」の感覚が目覚めたとたん、人生はおぞましいホラー映画などではなく、スリルに満ちた冒険映画だと思えるはずです。

ヨガの聖典『バガヴァッド・ギーター』

ヨガナンダは、古代インドにおける最も重要な聖典『バガヴァッド・ギーター』の解説と論評のなかで、人間が潜在能力を最大限に発揮するために必要な「26の魂の資質」について説明しました。そして、彼が最初に挙げている資質こそ「恐れ知らず」なのです。

意外に思うかもしれませんが、「恐れ知らず」はスピリチュアルの観点からは無視できない資質であり、誰もが伸ばし、自在に扱わなければならないものです。ヨガナンダは、恐怖や不安に支配されている状態では、真の自己とつながることも、充実した人生を送ることも、瞑想を実践することもできないと説いています（瞑想を始めるための効果的かつ簡単な手順は第3章以降で紹介します）。たしかに、恐怖は夢の実現を妨げる大きな障害です。しかし、人生がしかるべき方向に流れはじめれば、いまこの瞬間に意識を向ける方法がわかり、将来への不安を無視したり、消し去ったりできるようになるのです。

「限界を超え、幸福と一体になる」というヨガの目的を達成したいのであれば、「手放す」ことを覚えましょう。私たちが往々にして抱えてしまう、過剰な自意識を手放しましょう。外部のあらゆるものに反応してしまう癖を手放しましょう。

スーパーマーケットでほかのお客さんに不快な思いをさせられたからといって、一日中その人について文句を言う必要がありますか？

ソーシャルメディアの投稿にいちいち腹を立てていても時間を無駄にするだけです。私は別に、目と耳をふさいだまま生きるように勧めているわけではありません。大切なのは、自分の周囲のものごとを知覚しながらも、深刻になりすぎないよう気をつけることなのです。

また、自分が目にすることや体験することだけに関心を向けるのもやめましょう。自分に襲いかかるトラブルを深刻にとらえすぎている人は、恐怖に支配されてしまいます。たしかに、狭い視点で考えると、私たちのまわりには恐ろしいものがたくさんあります。代表的なのは、ウイルス、地震、景気の変動、政情不安、地球温暖化、交通事故などでしょう。ほかにも、失敗することや、願いがかなわないことへの恐怖もあります。それから、嫉妬心も身近な恐怖のひとつです。これは、元をたどれば「満たされないこと」への恐怖からきています。あとは、孤独への恐怖、愛されないことへの恐怖、仕事が多すぎることへの恐怖……いくらでも挙げられます。

まだ起きていないことを怖がっていると、神経が過剰に刺激され、老化が早まったり、病気にかかりやすくなったりします。最悪の場合、死に至るかもしれません。実際、神経を刺激しすぎると、神経疾患や神経筋疾患につながるという研究結果もあります。[2]

絆創膏が剥がされるとき

私の人生で最もつらかった出来事は、かつてのパートナーとの別れでした。私と彼は、支え合いながら前に進むことができませんでした。詳しくは書きませんが、彼との関係が終わるより前から、心のどこかで覚悟していたように思います。彼と別れたあと、私は気力を奮い起こし、2歳にもなっていない息子のエマーソンを連れて別の街に引っ越しました。人生のどん底に落ちたような気分でしたが、これからはいいことが待っているはずだと自分に言い聞かせて、なんとか前に進みました。引っ越してからは、エマーソンを寝かしつけたあと、クローゼットのなかにこもって泣く日々が続きました。私の人生は思い描いていたようなものじゃない——そう気づいてしまったからです。

離婚、とくに子どもがいる場合の離婚は……とても大変です。あのころの私は、精神的にすっかりまいっていました。自分は〝永遠の愛〟を見つけられないまま生涯を終えるのかと考えると、不安でどうにかなりそうでした。私にとって最も恐ろしい考えが、頭のなかによみがえりました。自分は愛される価値などないのではないか、このまま、ひとりきりで、シングルマザーとして生きていくのだろうか、と。

あるとき、私はヨガナンダが設立した〈セルフ・リアリゼーション・フェローシップ〉で知り合った僧侶のアドバイスに従い、自宅を神聖な場所として扱うようになりました。それから5か月ほどかけて、ヨガナンダの著作を熱心に読み返し、『バガヴァッド・ギーター』や新約聖書といった聖典にも手を広げ、時間さえあれば瞑想を行いました。瞑想は、私をなぐさめ、幸福を感じさせてくれる行為でした。

やがて私は、人生のどん底から抜け出しました。立ち直るにつれて、心のなかに自分への信頼感が育っていくのがわかりました。人生で初めて手にする本物の信頼です。このとき初めて、「真の自己」を信じられるようになったのです。私はどんな困難も乗り越えられる、何があっても大丈夫だと思えるようになりました。絶望が襲ってきても、真の自己に目を向ければ、気力や安らぎを得られるからです。

かつてのパートナーとの別れはつらいものでしたが、それは私にとって、乗り越えなければならない試練でした。その試練があったからこそ、私は魂の伴侶(ソウルメイト)のジョンと出会えたのです（この話ものちほど詳しく書きます）。ジョンと出会ったことで、ずっと求めていた愛、自分には手に入れられないかもしれないと思っていた「本物の愛」を知りました。その後、私たちは山と自然に囲まれた家に引っ越しました。住み慣れた都会よりもずっと自分に合っている、まさに夢の家でした。このように、私の人生は大きく変化したのですが、最も大きな出来事は、自分を心から〝信頼〟できるようになったことでしょう。

あなたがいま、どんな困難に直面しているとしても、内なる声、すなわち真の自己を信頼する方法は学べます。確固たる信頼を手にするためには、長い時間をかけて自分の内面と向き合わなければなりません。**必要なのは、日常的に瞑想を行うことと、生活のなかに「静寂」を取り入れることです。**自分を信頼できれば、恐怖からも解放されます。自分では想像もしなかったほどの変化があなたのなかで起きるのです。困難に直面し、魂が夜の闇に包まれたような気がしていても、真の自己は「どんな夜もいつかは明ける」と確信しています。もちろん、時間はかかるかもしれません。でも、心を落ち着けて、内なる声を信じ、真の自己に身を任せれば、サングラスが必要なほどまぶしい太陽がのぼってくるはずです。

恐れ知らずになる方法

では、恐れ知らずになるためには何をすればいいのでしょう？　答えは、もっと深いところまで降りていくことです。〝外側〟ではなく〝内側〟に進むのです。物理的な世界がすべてだという認識を捨てて、その先の世界に目を向けましょう。私たちの目に映らないところには、より壮大な世界が広がっています。そして、その気になりさえすれば、その世界に入っていけるのです。私の言うことが信じられないという人は、次の実験をしてみるといいでしょう。

想像してみてください。宝くじに当たったら、賞金を使ってどんなことをしますか？　どんな生活を送りますか？　どこに行きたいですか？　生活にどんな変化を起こしたいですか？　思いつくことをすべて挙げてみましょう。

さあ、何が起きましたか？「宝くじに当たる」という刺激的で幸せな想像をすると、ふつうの人は何らかの反応を示します。あなたも思わず笑顔になったり、胸が高鳴ったりしたのではないでしょうか。夢のマイホームを建てることや、世の中のために非営利団体を設立することを思い浮かべて幸せな気分になった人もいるでしょう。

もちろん、あなたが何を思い浮かべたとしても、それは単なる想像でしかありません。

それでも、あなたの身体は反応したのです。

想像のなかで、あなたはいままで見えなかったものに触れました。つまり、五感を通じて認識する世界ではなく、本能だけが認識できる、より深い世界に足を踏み入れたということです。

恐怖は、思考を「恐れているもの」に縛りつけます。そのため、恐怖を感じている人は、人生をどうしたいかとか、何を成し遂げたいかといったことに意識を向けられません。恐怖は成長を妨げる感情なのです。恐怖に判断をゆだねると、予測できるものにしか目がいかなくなります。予測できないものはどれも、大きすぎるとか、危険すぎるとか、非現実的すぎると思ってしまうのです（この「非現実的」という言葉は本当にやっかいです）。

そして、その反対が「恐れ知らず」な生き方です。恐れ知らずな生き方とは、言ってしまえば「信仰心」をもって生きることです。スピリット、真の自己、大いなる力……何を信仰するかは人それぞれですが、何かを信仰している人は、特別な力が自分を守ってくれていると知っています。だから、たとえ何が起きようと、パニックになったり自分を見失ったりしないのです。

恐怖を光に変えるには

ここまで、恐怖心を感じない方法について話してきましたが、恐怖心をはじめとするネガティブな感情が生じたときは、きちんと向き合い、深く掘り下げていくことが重要です。矛盾しているようですが、誰かが言っていたように「恐怖を乗り越えるチャンスは、恐怖と向き合うことによってのみ手に入る」のです。心の奥深くにある恐怖の原因を知るためには、潜在意識の洞窟を降りていかなければなりません。

瞑想を始めたころ、私は自分のことをほとんど知りませんでした。それまでの人生でさまざまな決断を下し、いくつかのことを成し遂げてきましたが、「何が自分を動かしたのか」まではわかっていなかったのです。高校時代、私には多くの目標がありました。陸上部のキャプテンになりたい、生徒会長になりたい、成績でクラスで一番になりたい……。でも、高い目標をいくつも掲げて過ごすうちに、自分だけでなく周囲の人たちも疲弊していきました。そして、私のそういう傾向は大人になっても変わりませんでした。瞑想を始めてようやく、自分の上昇志向の裏にあるものが「恐怖」だったとわかりました。

瞑想を習慣にして、定期的に自分と向き合い、静寂に身を浸すことで、ようやく殻を破

ることができました。自分があまりに多くのことを恐れていたと気づいたのです。拒絶されること、満たされないこと、愛されないこと、やせられないこと、胸が小さすぎること、仲間外れにされること、頭がよくならないこと、成功しないこと、まわりから軽く扱われること、注目されないこと……。私が求めていたのは、周囲から注目され、ほめられることでした。なぜなら、心のどこかで、自分はつまらない人間で、魅力も知性も足りないのではないかと思っていたからです。無価値な人間だと思われること――それが私の最大の恐怖でした。

聞いていてうんざりする人もいるかもしれません。でも、自分のなかに溜まった汚れをきちんと調べることは、恐怖心を解放するプロセスのひとつです。

スイスの精神科医で精神分析医のカール・ユングは、「人は誰しも影をもっている」という説について何度も論じています。ユングの言う「影」とは、私たちがみずからの意識から切り離したものです。「好ましくないこと、自分の一部だと認めたくないことがあると、人はそれを拒絶するか無視する傾向がある」とユングは主張しました。[3] 私たちは、勇気をかき集めて自分の内側に目を向け、そこにあるものをしっかりと見つめなければいけません。それをしないかぎり、真の自己に従って生きているとは言えないでしょう。ヨガナンダは次のような言葉を残しています。

「真の自己分析は、進歩のための偉大な方法です」[4]

深呼吸をして、勇気を奮い起こして、影のなかをのぞいてみましょう。影は多次元にわたって存在しています。そのため、これから紹介するエクササイズは、何度も繰り返してこそ効果を発揮するようになっています。部屋の照明をつけると、自分の正面にあるものだけでなく、部屋の隅にあるものも照らし出されます。すべてのものが同じくらい明るく照らされるわけではないとしても、部屋のなかには注意を払うべきものがたくさんあることに気づくでしょう。影についても同じことが言えます。影の奥深くに進むにつれて、多くのものが目に入ってくるのです。でも、影とは井戸のようなものです。精神科医のデヴィッド・ホーキンズ博士は、「井戸には底がある」と言いました。だから、恐怖と暗闇と不安の底にたどり着くまで、エクササイズを続けてください。

私たちが行うエクササイズには、瞑想、プラーナヤーマ、真の静寂の創造、内なるエネルギーの集中といったものが含まれます。どれも、影に光を当てて、その姿を明確にすることを目的としています。あなたは少しずつ、自分にどんな傾向があるか、何に反応するか、何が行動のトリガーになっているかを知るでしょう。そうした知識は、あなたの影の根本にある恐怖を掘り下げるための手がかりになるのです。

自分の根本的な恐怖を明確にしないかぎり、本当の意味で自分を理解することはできません。自分のモチベーションがどこからくるのかも、自分がどういうパターンに従って生きているのかも、自分の本質が何なのかも、永遠にわからないでしょう。もしあなたが、浮気症の男性や冷たい男性にばかり惹かれるとしたら、それは「自分はすばらしい男性とは釣り合わない」という恐怖があるせいかもしれません。理想のキャリアを追い求めていない人は、「やりたいことに挑戦してもうまくいかないかもしれない」という恐怖に屈しているのかもしれません。「○○になんて興味ない」と口にする人は（○○に入れるのはなんでもかまいません）、本当はそれが欲しくてたまらないのに、手に入らないことを恐れるあまりそう言っている可能性があります。美容のために努力している人は、本当にきれいになりたいのかを自問してみてください。年齢を重ねてすてきな相手と出会えなくなることや、いまのパートナーが離れていくことへの恐怖のほうが大きいのではないでしょうか？

心の奥にある恐怖から解放された自分を想像してみましょう。新しい世界が頭のなかに広がっていくはずです。可能性について考えることは、それを現実へと変換するための最初のステップなのです。

振り返り――影から恐怖を取り除く

1. 日記の新しいページを開き、いちばん上に「私の恐怖」という見出しをつけましょう。そして、その下に思いつくことをひたすら書いてください。貯金がなくなること、肌がたるむこと、家族をもてないこと、愛する人を失うこと……なんでもかまいません。大事なのは、とにかく書くことです。

2. 次のページを開いて、いちばん上に「私が恐れている感覚」という見出しをつけ、同じように思いつくことを書いていきます。このページには、感覚について書きましょう。取り残された感じ（この「取り残されることへの恐怖」は、最近では「FOMO（Fear Of Missing Out）」という言葉で知られています）、孤独な感じ、不完全燃焼な感じ、疎外された感じ、退屈な感じ、といったものでかまいません。エクササイズを繰り返し、さらに深掘りしていくと、リストには「愛されていない感じ」「満たされていない感じ」「力不足な感じ」「見下されている感じ」なども含まれるかもしれません。そうした「感覚」を書き出しましょう。

3. あなたは間違いなく前に進んでいます。このまま進みましょう。これが最後のリストです。次のページには、「これらの恐怖がなかったら、私はこう感じる」という見出しをつけましょう。恐怖のない人生なんて想像できないという人もいるかもしれません。でも、真剣に考えてみてください。もし、何もかもがうまくいくとしたら、あなたはどうしますか？　どんなふうにふるまいますか？　歌う、踊る、恋をする、働く、友達と過ごす……何をしてもいいのです。毎朝どんな気持ちで起きるか、まわりの人たちにどう接するか、自分自身にどう接するかを考えて、思いつくことを書き出してください。そして、その想像に思いっきり浸りましょう。目を閉じて、恐怖のない世界のあなたがどれほど自由で、大胆で、自信に満ちているかを感じましょう。

4. 自分が恐怖から解放され、勇気に満ちあふれていることを意識しながら、最初の2枚のページを細かく破ってください。3枚目のページは、すぐに参照できるように、たたんで祭壇にしまっておきましょう（もちろん、祭壇でなくても、大切なものをしまっておける場所ならどこでも大丈夫です）。

5. 最後に、恐怖から解放されるための第一歩を踏み出すことを誓いましょう。たとえ小さなことでも、実際に行動に移せば、あなたを苦しめる恐怖は生きていくためのエネルギーに変わっていきます。興味のある分野のことを1日20分だけ勉強するとか、1日のうち30分は新しいビジネスプランを考えるのに使うとか、そういうものでかまいません。「人前で踊るなんて考えたこともなかったけど、サルサのダンス教室に通ってみる」というのもいいかもしれません。何をするかを決めたら、「私は○○することを誓います」という誓いの言葉を書きましょう。あなたには、恐怖から解放されるための新しい生活パターンを生み出す力があります。そのことを覚えておきましょう。

自由になるためには「恐れの解放」が必要

「恐れの解放」なしに本当の自由を手にすることはできません。恐怖をうまく隠しながら過ごしている人もいますが、そういう人はいずれ、自分が檻(おり)に囚われながらおそるおそる生きていることに気がつくでしょう。悟りは自由のなかにあります。人生が恐ろしい、自分が恐ろしい、自分に迫ってくるかもしれないあらゆるものが恐ろしいという「無知」から脱却して初めて、人生は最も美しいかたちに広がっていくのです。

私たちが生きる世界は、未知のものであふれています。そのなかには有害なもの、危険なものもたくさんあるかもしれません。だから賢く、先を見据えて、主体的に生きましょう。同時に、未知のものを気にしすぎないよう気をつけてください。何度も書いているように、**あなたには自分が思っている以上の能力があります。あなたは自分が思っているより価値があるのです。その気になれば奇跡だって起こせるでしょう。**

最後に、あなたにクイズです。なぜ、この世界ではあまり奇跡が起きないのでしょう？

答えは、真剣に奇跡を起こそうとしている人がほとんどいないからです。たいていの人は、「奇跡なんて幻想だ」と思っています。一瞬にして人生を変える力が自分のなかにあるなんて、思ってもいないのです。

でも、真実は違います。恐怖を乗り越えれば、あなたは最高の人生を送る力を手に入れられます。その力を手に入れたとき、あなたの夢はついにかなうのです。これからお伝えする知識を身につけ、練習を繰り返せば、恐怖を遠ざけて愛と自由を手に入れられることを保証します。

実践的なアドバイス——恐怖のない人生を送る

1.「サレンダー」する

最近、西洋の人たちが東洋の知恵を求めることが増えています。それにともない「サレンダー（降参する）」という言葉がよく使われるようになりました。サレンダーとは「あきらめる」ことだと考える人も少なくありませんが、スピリチュアルな意味でのサレンダーは、どちらかというと「融合する」に近いと言えます。それは人生との融合であり、自分の願いや欲望を、いまこの瞬間に起きていることと融合させるということです。宇宙の意志に抗うのではなく、融合すること。それが最初のステップです。

先のことをあれこれ心配するのをやめ、いまこの瞬間に集中すれば、真の自己を信頼して大胆に生きることができます。絶えず変化する世界において私たちがすべきことは、自分の外側のものと内側のものをつねに調和させることです。実際にやってみるとむずかしいかもしれませんが、心配はいりません。瞑想を行い、本書で紹介する練習を重ねていけば、あなたは少しずつ自分を信頼できるようになります。

2．瞑想

「また瞑想か」と思った人もいるかもしれません。でも、瞑想は呼吸と同じで、何度も繰り返さなければ意味がないのです。瞑想をあなたの第二の呼吸にしましょう。瞑想こそ、人生の表面を通り抜け、恐れを知らない真の自己に近づくための確実な方法なのです。

3．内側に意識を向ける

恐怖に打ちのめされそうになったら、目を閉じて、身体のどこが恐怖を感じているのか探ってみてください。腸なのか、心臓なのか、喉なのか、ほかの器官なのか。場所を特定したら、そこに意識を集中しながらゆっくりと呼吸を繰り返します。恐怖の原因がなんなのかを考えたり、分析したりしてはいけません。ただ、ありのままに受け止めましょう。

よく言われることですが、「拒んだものほど長く残る」のです。これは恐怖に関しても同じです。だから、恐怖を感じたときは拒絶したりせず、正面から向き合い、その恐怖を手放せるようにしましょう。気持ちが落ち着いたら目を開け、自分がいま何をすべきか（何をすべきでないのか）を考えます。もし、ふたたび恐怖が襲ってきたら、もう一度同じように目を閉じて呼吸をしましょう。大事なのは、恐怖が消え去るまで辛抱強く続けることです。

4・恐怖 vs 真実と知恵

私たちはみな、自分のなかにある「真実と知恵」にアクセスできます。これから紹介するのは、直観力コーチ兼ヒーラーのローラ・プリングルが教えてくれた、真実と知恵の力を引き出すエクササイズです。

まず、恐れていることを紙に書きます。次に、自分のなかにある「真実と知恵」を呼び出して、恐怖についての意見を書いてもらいます。その作業を、恐怖心が落ち着くまで繰り返しましょう。

最初は、自分同士で会話をするなんてばかげていると思うかもしれませんが、続けるうちに、恐怖から抜け出す道を自分自身で見つけられることに気づいて驚くはずです。ここで、私の日記に書いてある一例を紹介します。

恐怖：私の活動をほかの人が評価してくれなかったらどうしよう。
真実と知恵：あなたに本物の才能があるなら、いずれ評価してくれる人が現れるわ。

恐怖：でも、現れなかったら？

真実と知恵：そのときはそのとき。でも、少なくともあなたは〝本物〟だし、自分が正しいと思うことをしてる。それがいちばん大事よ。それに、本当はあなたも、きっと誰かが評価してくれるって思ってるんでしょ？　あなたにはエネルギーがあるし、あなたが求めている人たちにもエネルギーがある。エネルギーとエネルギーは調和するようになってるのよ。

恐怖：そうね、そのとおり。でもやっぱり、受け入れられなかったり、批判されたりするのが怖い。この感じ、子どものときを思い出す。

真実と知恵：でも、あなたは自分のことを好きになれる。自分を愛することができる。それってつまり、ほかの人もあなたのことを愛してくれるってことじゃない？

恐怖：そうね！

5．あなたの味方はあなたのなかにいる

最後に、少し神秘的なエクササイズを紹介します。少しでも興味をもった人は、

強い恐怖を感じたときに試してみてください。

まず目を閉じて、自分を庇護してくれるものを思い浮かべます。自分を取り囲むエネルギーでも、身体を包み込む泡のようなものでも、心臓から発せられる光でも、なんでもかまいません。あなたの相方になってくれる天使や妖精でも大丈夫です。これだと思うものをイメージしてください。そして、恐怖を感じたときは、そのイメージの力を借りればいいのです。

第3章

あなたは戦士

神は、ある目的のために
あなたをここへ送りました。
それがどれほど大切なものかを
自覚しなさい。
偏狭なエゴが神の目的を
妨げるのを許してはなりません

パラマハンサ・ヨガナンダ[1]

平和の戦士

私たちは、「戦士」と聞くと神話上の存在を思い浮かべがちです。弓や剣を持って悪に立ち向かう屈強な男女、というのが多くの人が抱いている戦士のイメージでしょう。しかし、戦士という概念は、実はあなたにとって非常に身近なものです。

あなたは戦士です。

あなたは内なる力を引き出し、障害を乗り越え、耐え忍ぶことができる人です。善のために、愛のために、変化のために、あらゆるものを改善するために、そして価値のある目的を達成するために（それが自分の目的につながる場合はなおさら）戦える人なのです。あなたは戦士というには控えめで、温和なタイプかもしれませんが、それでも何かに集中し、大きな変化を起こせるだけの力をもっています。日々の行動と生まれ持った才能、そして卓越したアイデアを誰かのために使えば、あなたはさらなる成功を収められます（「他者のために何かをする」ことについては第19章で詳しく説明します）。

真の自己は、まさに戦士のようなものです。勇気に満ちあふれ、けっして動じず、強い意志と闘志を秘め、集中力と堅実さを備えています。何度となく降りかかる試練を乗り越え、目まぐるしい日々のなかでも自分を見失わず、自由への道を進みつづけたいのなら、真の自己がもつ戦士の強さにアクセスする必要があります。

人生の大いなる戦い

先ほども書きましたが、『バガヴァッド・ギーター』は、古代インドで書かれた重要な聖典です。この物語は、私たちのなかで繰り広げられている大いなる戦い、すなわち「心の戦い」を描いたものだと言えます。私たちの頭のなかでは、自分を支えようとする声と引き裂こうとする声が対立し、知性とエゴが綱引きをしています。『バガヴァッド・ギーター』を読めば、そうした内なる戦いへの理解が深まるでしょう。

主人公のアルジュナは、私やあなた、そして世の中のあらゆる人のメタファーです。アルジュナは悟りへの道を歩んでいますが、旅のなかで疑念や不安や悪習にたびたび悩まされます。まさに、現代の私たちと同じです。アルジュナはやがて、心の戦いに勝つために、真の自己の声を代弁するクリシュナから助言を受けます。

『バガヴァッド・ギーター』の主要なテーマのひとつは「ダルマ」です。ダルマは複雑な概念ですが、ざっくり言えば「人生の目的や義務」のことです。あるいは、「神の計画において自分が果たすべき役割」とも言えます。クリシュナは、「ダルマに従い、〝無私の行動〟を通じてクシャトリヤ（戦士）の義務を果たすように」という助言をアルジュナに与えました。この助言の意味についてはのちほど詳しく説明しますが、ここでいったん現実の戦士を例に挙げたいと思います。

以前、私のポッドキャストで、実業家ルース・ズーカーマンへのインタビューを行ったことがあります。その日、私は彼女の話にすっかり魅了されました。たぶん、自分と重なるところが多かったからでしょう。ルースは、双子の娘たちが6歳のときにシングルマザーになり、自分と娘たちの生活費を稼ぐために必死に働く必要に迫られました。「ベビーシッターを雇うお金なんてなかったわ」とルースは言います。何から何までひとりでやらなければならなかったのです。彼女はそれまで、フルタイムの仕事についたことがほとんどなく、ビジネスに関しても素人です。でも、ダンスに関してはすばらしい才能をもっていました。そこでルースは、ダンスとフィットネスの知識と音楽への愛を活かしてスピニング［フィットネスバイクを使ったエクササイズ］のインストラクターになりました。ただのインストラクターではなく、生徒たちに寄り添い、刺激を与え、意識と気力と忍耐力を高められるインストラクターです。

それから5年後、ルースはスピニングに特化したフィットネススタジオ〈ソウルサイクル〉の共同設立者になりました。このスタジオは現在、非常に高い知名度を誇り、世界各地に100近くの店舗を構えています。さらにその4年後、彼女は別のフィットネススタジオ〈フライホイール〉を設立したとき、ルースは48歳でした。〈フライホイール〉も共同設立しました（数年後に数百万ドルで売却しています）。

インタビューのなかで、ルースは私に言いました。自分はビジネスに関して素人で、起業するには歳をとりすぎていたかもしれないが、そういうことは少しも気にしなかった、と。彼女が何よりも大事にしていたのは、生徒たちとの絆でした。生徒たちを教育し、好奇心に火をつけ、背中を押すことで、すべての生徒にフィットネスの極意を身につけさせ、それぞれの夢を実現してほしいと考えていたのです。ルースの目標は、他者が目標に向かって進むのを助けることでした。

ルースが自分なりにフィットネスを体系化したのも、理想のトレーニングのマニュアルをつくったのも、競合他社との差別化のために独自の企業文化を発展させたのも、すべて生徒たちのためだったのです。このように、一心不乱にビジネスに打ち込んできたルースですが、母親としての役目も忘れず、娘たちには多大な優しさと愛情を与えてきました。彼女は、温かさと思いやり、そして優しさと誠実さを備えたすばらしい戦士だと私は思います。

クリシュナがアルジュナに与えた「ダルマに従うために〝無私の行動〟をとりなさい」という助言は、ルースと同じように行動しなさいという意味です。大切なものに目を向け、結果に囚われずに戦いに身を投じることを心がければ、真の自己があなたに勝利をもたらすでしょう。そしてあなたは、愛する人やものをいま以上に大切にできるようになるのです。

あなたの目的

人はそれぞれ唯一無二の存在で、誰もが自分だけの目的をもって生きています。目的に向かって進むとき、人は自分よりも大きな存在の一部となります。そして正しい行動に導かれ、自分の夢をかなえるためのエネルギーを手にするのです。

それまで自分の「仕事」だと思っていた多くのこと、たとえばパンづくり、子どもの送り迎え、会社の経営、眉毛の手入れ、義理の両親の世話などが、もはや苦ではなくなります。すべてが自分という存在の延長にあり、それらを通じて世界に貢献できていると思えるようになるのです。

そのとき、あなたは真の自己につながる扉を開いたことに気づくでしょう。

以上が、戦士としての視点をもつべき理由です。戦士の目はワイドスクリーンのようなもので、視界の外側にあるものまで見ることができます。目の前のものごとに対処することはもちろん大切ですが、周囲で起きていることに気を配るのも同じくらい重要です。24時間、何もかもが目まぐるしく変化するこの時代、私たちは自分だけでなく周囲の人々のために戦わなければならないのです。自分のためだけの戦いを続けていると、いずれすべてが嫌になったり、心や身体を壊したりするかもしれません。フラストレーションは、私たちのなかに少しずつとどまっていき、心と身体を蝕むものなのです。

もっと簡潔に言いましょう。**利己主義は百害あって一利なし**です。真の幸せはつかめませんし、エネルギーもわいてきませんし、人生が小さいものになってしまいます。利己的な生き方は、一時的には楽しく思えるかもしれませんが、最終的には孤独でつらい日々が待っています。これまでに、根っからの利己主義者と一緒に過ごしたことはありますか？　たぶん、長い時間を過ごしたという人はあまりいないでしょう。そういう人との関係はすぐに終わりを迎えます。利己主義は人間関係を破綻させるのです。

世界を広げ、映画のように壮大な人生を送りたいのなら、戦士のようにふるまいましょう。それはつまり、自分の人生を他者に分け与えるということです。そんなのは偽善だと思う人もいるかもしれません。でも、人に愛を与えれば、あなたにも愛が返ってきます。人のために時間を割けば、周囲の人があなたのために割いてくれる時間も多くなります。**多くのものを与える人は、周囲から多くのものを受け取るのです**。与えたものがすぐに戻ってくるとは限りませんし、愛を与えた相手から同じように愛が返ってくるとも限りませんが、あなたが与えたものはなんらかのかたちで必ずあなたに返ってくるのです。この真理は「相互法則」「カルマ」「ボブ」などと呼ばれますが、呼び方はなんでもかまいません。とにかく、人生を分け与え、他者から与えられるよう心がけましょう。

「与える者は与えられる」という考え方に科学的な根拠はありません。でも、私たちのまわりにはそのようなエピソードがいくつもあるはずです。

最も幸せな人とはどのような人でしょう？　自分のことだけを考えている人でしょうか？　私はそうは思いません。幸福を手にしている人は、もっと大きな視点をもっているのです。

この話題を掘り下げるのには理由があります。多くの人は、人生の目的というと「ロケットをつくること」「革新的なスポーツウェアを考案すること」「西海岸一のグルテンフリーのカップケーキを売り出すこと」のような大きなことを考えます。でも、人に与えられた**最大の目的は、他者のために何かをすることです。**「英雄」と呼ばれる人たちは、みな他者のために何かを成し遂げています。そしてそれは、戦士の役割でもあります。自分のためだけに戦う戦士はほとんどいません。

戦士とは、自分より弱い存在のために戦う人のことです。戦士が大切にするのは、自分と他者のなかにある最もすばらしい部分、すなわち真の自己だけです。他者のなかにある真の自己のために行動することは、あなた自身の目的を達成する最良の手段だと言えます。**集団に属し、他者のために何かを成し遂げてこそ、人生に意味を見出し、自分が大いなる目的のために生きていることを実感できるのです。**

このように、私たちはそれぞれ異なる目的をもっていますが、「他者のために何かをすること」という意味ではみな同じです。他者を助けることで、私たちはみずからの枠を広げ、成長できるのです。つまり、限界を超え、最高の自分に近づき、夢の実現に近づけるということです。自分のことだけを考えていたら、あなたの限界の枠は強固になっていくだけです。ヨガナンダはこのことを簡潔に言い表しています。

「自分の利益のためだけに行動することは、宇宙の計画、そして神の意志を見失うことに

ほかなりません」[2]

でも、あなたの目的はあなたにしか成し遂げられません。あなたのなかには、世の中のために使える独自のエネルギーが満ちています。そのエネルギーを使って仕事や計画を成し遂げるのがあなたに与えられた使命です。別の言い方をすれば、あなたは「自分にしかできない方法で他者に奉仕できる」ということです。このことについては、第19章でもっと詳しく説明します。ひとまず、ここではこのことを覚えておいてください。**あなたは、自分にしかできない方法で、他者のために何かをするために存在しているのです。**

私は、夢をあきらめろとか、好きなことをしてはいけないと言っているわけではありません。私がこれまで出会った人のなかには、「自分は与えてばかりで何も受け取っていない」と思っている人が何人もいました。みな腹を立て、失望し、不幸な人生を送っているかのような顔をしていました。そういう人たちは、目的をはっきりと認識できていないせいで、恐怖や不安や孤独感に支配され、自分を見失っているのです。それでは戦士として失格と言わざるをえません。

私の目的も他者のために何かをすることであり、すでにそのための方法は見つけています。私にできるのは、あなたたちが自分の内側に目を向け、「真の自己」と「真の美しさ」を見出すのを助けることです。私はそのために、「食」「身体」「感情」「精神の成長」のためのライフスタイルの原則を多くの人に教えてきたのです（ちなみに、私はこれを「真の美しさと幸福のための4つの原則」と呼んでいます）。ほかにも、家では子育てに力を注ぎ、よい妻、よい友人、よい仲間であるための努力は惜しまないようにしています。この本を書いたのも、読者のみなさんが自分の目的を認識し、内なる戦士を目覚めさせ、名誉を守るために戦ってくれることを願っているからです。あなたが自分の目的に気づき、自分だけの方法で行動するときを心から楽しみにしています。

振り返り――戦士の目的

「戦士の目的」についての理解を深めるには、真の振り返りが必要になります。まずは、自分が果たすべき役割をしっかりと理解しましょう。個人として、家族のひとりとして、愛するチームや組織の一員として、私たちはさまざまな義務を負い、信念をもち、恐怖を抱えています。それらを掘り下げるにあたっては、これから紹介する質問と向き合い、紙に書き出し、何度も熟考しなければなりません。本書の後半では、より広範囲にわたる振り返りを紹介しますが、まずは以下の質問について考えてみましょう。

1. あなたが情熱を傾けられることはなんですか？
輝ける場所はどんな場所ですか？　あなたの得意なことは、他者のためにどう役立てられますか？

2. 人生でいちばん自慢できることは（　　　　）です。

3. 自分にしかないもの、あるいは自分にしかできないことはなんだと思いますか？
それらを他者のために役立てるにはどうしたらいいですか？

4. もし10億ドルが手元にあったら、自分の時間をどんなことに使いますか？

5. 私は他人が（　　　　）するのを助けるのが好きです。

忍耐力を養う

偉大な作家であり詩人でもあるヨハン・ヴォルフガング・フォン・ゲーテは、次のような格言を残しています。

「思想の領域では、すべては熱意によって決まる。（中略）現実の世界では、すべては忍耐力にかかっている」

戦士には忍耐が必要です。もしかしたら、あなたはいま、生きることに疲れているかもしれません。ストレスを抱えて歯ぎしりをしている人、解雇された人、パンデミックのせいで事業がうまくいかなくなった人、倫理的に間違ったことをしてしまった人、健康診断の結果がよくなかった人、子どもが反抗期を迎えている人、恋人と別れた人……誰もがみな、さまざまな困難に直面しています。もちろん、多くの人が経験するような困難もあれば、ふつうではありえないような困難もありますが、当人にとってはどれもやっかいで、苦しいものです。

でも、困難は必ずしも悪いものではありません。困難に直面したからといって、まだ失敗したわけではないのです。とらえようによっては、困難はあなたにとって有益なものにもなります。苦しみや悲しみのなかにいるときこそ、自分の本当の姿が浮き彫りになるからです。ヨガナンダもこう述べています。

「何度転んでも、勝利への意志をもって起き上がりなさい」[3]

戦士の考え方のなかで最も重要なのは、「過去や未来ではなく、いまこの瞬間に集中する」というものです。ただし、行動に移すのは簡単ではありません。私たちは往々にして、過去の失敗を引きずり、その失敗が未来の自分にどう影響するかを考えます。私たちには生存本能が備わっているので、自分に降りかかるかもしれない危険について、無意識のうちに警戒してしまうのです。人が過去と未来のことばかり気にするのはそのためです。でも、あなたの目的はただ「生存」することではありません。豊かで意義深い人生を送ることです。

過去を手放す

成功を収めるために不可欠なのは、過去の失敗に執着しないことです。過去の失敗を引きずっている人は、「出来事」にばかり目を向けている人だと言えます。それはつまり、真の自己に目を向けることを放棄し、小さな自分、すなわち「エゴ」に支配されている人ということです。

失敗したことがない人などこの世にいません。みんな、失敗を重ねながら生きているのです。ヨガナンダも、アメリカにクリヤ・ヨガを広めようと活動するなかで、何度も無一文になったと語っています。

「すべての失敗は、新しいことを始める特権を私たちに与えてくれる」と彼は書いています[4]。

ヨガナンダは失敗するたびに立ち直り、最終的に成功への道を見つけました。あなたにも同じことができます。成功しようという強い意志をもち、学びつづけ、過去の失敗に囚われず、自分のなかにいる戦士を目覚めさせれば、あなたは立ち止まることなく進んでいけるでしょう。

実践的なアドバイス――戦士として生きる

1．人生を整理する

ヨガナンダは、「特定の秩序に基づいて人生を整理する」ことを勧めています。目的のために研鑽を積み、エネルギーを最大限に発揮するために、戦士は自分の時間を整理しなければなりません。私はこれまで、朝と夜に自分だけの時間をつくることを奨励してきました。人生を整理できないと、多くの時間とエネルギーが無駄になってしまいます。人生の整理整頓を徹底し、ヨガの瞑想や練習のための時間をつくることを心がけましょう。

2. 自立心をもつ

自分の内なる強さにもっと頼りましょう。成功のためには誰かの力を借りなければならない、という考え方は捨ててください。もちろん、他者との交流のなかで得られるものもたくさんありますが、最終的には、あなた自身の勇気とたゆまぬ努力が成功を呼ぶのです。ヨガナンダはこう言いました。

「他者にすがることなく、立派に生きなさい。あなたは神の子です。あなたには、望む場所へ行くために必要な力がすべて備わっているのです[5]」

3. 忍耐力を養う

忍耐力を養うのは簡単ではありません。私自身、なかなか身につけられずに苦労してきました。でも、成功を収めるためには、忍耐力は意志の力や直観力と同じくらい重要になってきます。ものごとは、あなたの望むタイミングで、あなたの望むかたちで動くわけではありません。だから、つねにポジティブに考え、集中を切らさないように気をつけましょう。注意深い戦士のように、耐えるべき時期と動くべき時期を見極めましょう。内なる知恵に耳を傾ければ、いまが行動を起こすときなのか、情報を集めるときなのか、あるいは何もしないでいるときなのかがわかるはずです。

4. 自分より大きな存在のために行動する

前にも書いたように、自分のためだけに行動すると、途中で嫌になったり、うまくいかなくなったり、疲弊したりする場合が少なくありません。でも、自分が大きな存在の一部であり、自分の目的が大いなる目的のなかに含まれると思えば、自分のためだけに行動するときとは比べものにならないほど多くのエネルギーがわいてくるでしょう。

5. 自分の目的を書き留め、祭壇などに保管する

私は定期的に、自分の目的を再確認し、それを紙に書き留め、折りたたんで祭壇（あるいはほかの目立つ場所）に置くようにしています。そうすることで、自宅で過ごしているときも、つねに目的を意識の中心に据えることができるのです。

忙しい毎日を送っていると、自分の目的がなんなのかを忘れてしまいがちです。戦士として、目的を毎日振り返るよう心がけてください。戦士が〝掟〟に従って生きるように、目的に従って生きましょう。自分の目的を言葉にすれば、それを頼りに決断を下せるようになります。そして、揺るぎない軸をもって生きていけるのです。

第4章

実践する
隙間に生きる

自己実現のためには
呼吸の習得が不可欠です

パラマハンサ・ヨガナンダ[1]

プラーナヤーマについて

呼吸は生命活動の基本であると同時に、「真の自己」を目覚めさせ、自分が何者なのかを知る方法でもあります。ヨガにおいては、呼吸のテクニックのことを「プラーナヤーマ」と呼びます。本書でもすでに書いたとおり、サンスクリット語で「プラーナ」は「生命エネルギー」という意味です。私たちは、生命エネルギーを通じて身体機能をコントロールしているのです。つまり、プラーナヤーマは、私たちのなかにある生命エネルギーを操る練習だと言えます。

生命エネルギーをうまくコントロールできれば、健康を維持し、いまよりも多くのエネルギーを生み出せるようになります。さらに、目の前の問題に冷静に向き合い、よりすぐれた解決策を見つけられるようにもなるでしょう。

ある研究によって、呼吸に集中することでガンマ波を増加させられることがわかりました。[2] これは非常に重要な発見です。ガンマ波とは脳波のパターンのひとつで、集中したり、情報を処理したりすることと深い関係があります。[3] また、この脳波が増加すると、記憶力の向上やアルツハイマー病の予防に役立つとも言われていて、[4] さらには気分がよくな

り、情緒が安定し、ストレスや不安を軽減できるというデータもあります[5]。集中すること

と、集中すること、平静を保つことは、栄光に満ちた人生を送るために欠かせない要素なのです。

2500年ほど前、ヒンドゥー教の偉大な思想家であるパタンジャリが編纂したとされるヨーガの教典『ヨーガ・スートラ』には、「ヨーガ・チッタ・ブリッティ・ニローダ(Yoga chitta vritti nirodha)」という有名な言葉が残されています。これは、「ヨガとは、心の作用を止滅させる行為である」という意味です。心の作用(vritti)は「渦巻き」とも訳されます。つまり、思考と感情が渦を巻き、精神的、心理的、霊的な意味で溺れている状態を指す言葉なのです。プラーナヤーマとはすなわち、心の乱れを鎮め、真の自己に近づくための練習です。言い換えれば、**人生が思うようにいかない人は、心に安らぎが足りていないと考えて差し支えないでしょう。**

でも、心配はいりません。呼吸と瞑想を行えば、心を落ち着かせることができます。それによって、脳内で渦巻く狂気も鎮まり、人生が大きく変わっていくはずです。

正直に言うと、最初のうちは瞑想は簡単にはできないでしょう。私のように、じっと座っているのが苦手な人ならなおさらです。私が瞑想を始めたときは、目をぎゅっと閉じ、鼻にしわを寄せながら必死に耐えていました。そうしないと、20秒ごとに目を開けて時計

を見てしまうからです。心のなかで何度「まだ終わらないの?」と唱えたかわかりません。でも、時間はかかりましたが、いつしか心をコントロールできるようになりました。練習を重ねれば、あなたもきっと、呼吸に集中するすべを身につけられるはずです。瞑想も人生も、よい方向に進んでいくことを保証します。

最初の練習では、五感を通じて得ている情報を遮断することを学びます。ふだんの生活、たとえば車の運転中や料理中、シャワーを浴びている最中であれば、五感はきわめて重要かもしれません。でも、これらの感覚はときに、内なる力とつながるのを妨げます。もちろん、完全に遮断することは不可能ですが、真の自己と対話するために、五感を少しだけ鈍らせてみましょう。

隙間を意識し、拡大する

これから紹介する練習は、呼吸に集中することに重点を置いています。ひとたび呼吸に集中すると、時間がゆっくり流れはじめることに気づくでしょう。部屋のなかで、子どもがどたばたと走りまわっている状況を想像してください。次に、その子どもの親を思い浮かべてください。最初のうちは、親は自分のしていることに手一杯で、子どもに注意を払いません。でも、子どもが騒ぎはじめてから数分後、親はようやく手を止めて、子どもをじっと見つめます。すると1、2分後、子どもの脳に何かが起き、騒ぎがぴたりと止まるのです。何を言ってるんだ、と思う人もいるかもしれませんが、これはよくあることです。そして、「呼吸に従う」という行為は、これによく似ているのです。

呼吸に集中し、少しずつペースを落としていくと、自分の外側にあるものごとが遠ざかっていきます。これは健康面でも非常にいいことです。ゆっくりとした呼吸は、心臓血管系、呼吸器系、自律神経系といった、身体のさまざまな部分によい影響を与えるという研究結果もあります[6]。

呼吸に意識を向けることの最大のポイントは、息を吸うときと吐くときの隙間が長くなることです。そして、**その〝隙間〟に魔法が宿るのです。隙間にいるとき、私たちは自分のなかの最も深い部分とつながることができます。隙間のなかには平穏があり、静寂があります。あなたはそこで、「真の自己」が自分に向かって手を振っているのを目にするでしょう。**

隙間があるからこそ秩序が生まれるのです。文字と文字のあいだに隙間がなかったら、あらゆる言葉は意味をなさなくなります。私たちが個人として成り立っているのは隙間があるからです。呼吸ができるのは隙間があるからです。思考と言葉のあいだにも隙間が存在します。音楽が人を感動させるのも隙間があるからです。隙間がなければ、あらゆる音楽は不協和音でしかありません。朝と夜のあいだにも隙間があります。起きている時間と起きている時間のあいだにある隙間のことを、私たちは「睡眠」と呼んでいます。私たちには隙間が必要です。隙間とは、すなわち休息をとる時間であり、私たちはそこに秘められた力にもっと神経を注がなければならないのです。

「魂の意識」にアクセスする

呼吸と呼吸のあいだにある隙間にいるとき、私たちは「魂の意識」にアクセスできるとヨガナンダは言います。その状態に達すると、心を落ち着かせ、五感から得るエネルギーを転換し、集中力を研ぎ澄まし、内なる霊、すなわち真の自己とつながれるようになります。必要なのは、エネルギーを内側に引き込み、ゆっくりと呼吸をすることです。

延髄は、頭蓋骨の底の部分にある脳の一部です。ヨギたちは、延髄にエネルギーを取り込んだり、延髄を通じてより大きなエネルギーを利用したりできると考えています。延髄に集まるエネルギーは、本質的に「知性」に関連するものであり、私たちの生活のあらゆる面を支えているというのが一般的な見解です。そのエネルギーは、自立していて、柔軟性があり、必要に応じてさまざまなかたちをとります。老化を遅らせたり、夢や目標に向かって進ませたりするのも延髄のエネルギーなので、いわばこれは、あなたの心身の燃料だと言えるでしょう。

心臓の鼓動、呼吸、くしゃみ、嚥下といった基本的な身体機能においては、延髄がきわめて重要な役割を果たすと科学者たちは言います。また、延髄内の神経細胞は、体内のガス、栄養、イオン、プラズマを安定させ、生命を維持するのに役立つと判明しました。[7]

要するに、私が言いたいのは「隙間を大事にしましょう」ということです。

〝隙間〟を広げるエクササイズ

1. 座り心地のいい席を用意し、お尻から頭頂部までがまっすぐ伸びるように座ります。現代人は、スマートフォンをいじってばかりいるせいで、無意識のうちに頭を前に出してしまうので、自分の頭の位置を意識しましょう。

2. 次に、呼吸に意識を集中させます。息が入ってくるのと出ていくのを感じましょう。呼吸量を調節したり、回数を数えたり、意図的にリズムを生み出したりしてはいけません。ただ、ありのままに感じてください。

3. 簡単なマントラを唱えると、心に迷いがなくなり、呼吸に集中できるかもしれません。ただし、マントラに合わせて呼吸をしてはいけません。あくまでも、呼吸に合わせてマントラを唱えてください（マントラについては第18章参照）。

4. 呼吸を始めたら、〝隙間〟に意識を向けましょう。息を吸うときと吐くときの中間で、呼吸は一瞬だけ止まります。呼吸を意識すると、ペースが少しずつ遅くなり、隙間はどんどん広がっていきます。でも、意図的に呼吸のペースを変えてはいけません。

5. 身体の動きは最小限に抑えましょう。ただし、じっとするために力を入れたり、息を止めたりする必要はありません。できるかぎり静かに、ゆっくりと呼吸をすればいいのです。そのうち、自然の流れに身を任せているような感じがしてくるはずです。

6. 気が散ってきたら、いったんリセットしてふたたび呼吸だけに意識を向けましょう（大事なのは、途中でやめないことです）。時間が経つにつれて、気が散ることも減っていきます。私自身、瞑想を始めたばかりのころは気が散ってばかりいましたが、少しずつ集中していられる時間が長くなりました。あなたも練習を重ねれば、きっとそうなります。

このエクササイズは、1日の始まりと終わりに、それぞれ5分から10分ほど行うのが理想的です。ほんの少しの時間でも、何もしないよりはましですが、できれば最低でも2、3分はかけてください。雑念から解き放たれ、自分のなかにある無限のすばらしいエネルギーに触れるには、それくらいの時間は必要です。

その時間が終わったら、感謝の気持ちを感じながらしばらく座り、自分のなかから新しい気づきやアイデアが浮かんでこないかを確かめてください。得るものがあっても、何もなくても、あなたの気持ちは数分前よりもずっと落ち着いているはずです。自分のなかにわいてくる感覚を、ありのままに感じてください。

第5章

あなたは愛

私の天上の父は愛であり、私はその姿に似せてつくられました。私は愛の球体であり、あらゆる惑星、あらゆる星、あらゆる存在、あらゆる創造物が私のなかで輝いています。私の愛は全宇宙に広がっています

パラマハンサ・ヨガナンダ[1]

本物の愛

魂が離れた母の身体を抱きしめたとき、「愛」に対する私の認識はすっかり変わりました。

母ががんを患っていることが発覚したのは、2017年のバレンタインデーです。母はいつも元気な姿を見せてくれていたので、私はショックを隠せませんでした。その年の3月26日に長男のエマーソンが1歳になると、それから3日後に母は亡くなりました。がんだと診断されてから6週間しか経っていませんでした。あまりにあっという間のことだったので、いまでも信じられない自分がいます。

母が亡くなった日、驚くような出来事がありました。時刻は午前1時から3時のあいだで、まさに亡くなる直前です。母のサリーは、もはや話すこともできない状態でした。私は母に言いました。私の声がまだ聞こえるなら、手を握ってほしい、と。すると母は、私の手を強く握ってくれました。大きく開かれた母の目には、それまで見たことのないような愛と安らぎが感じられました。私は声を上げて泣きながら、自分の思いを何度も言葉にしました。「愛は消えない。ママのことをずっと愛してる」。

そのとき、あることに気がついて、思わず胸が張り裂けそうになりました。握った母の手から「生きたい」という思いが伝わってきたのです。母は父のために必死に生きようとしていました。40年以上も一緒に過ごしてきた母と父は、もはやお互いに欠けてはならない存在だったのです。私は母に言いました。

「ママ、安心して。パパの面倒は私が見る。約束する」

そして母の隣で横になり、そっと腕をまわしました。母の呼吸は少しずつ弱まっていき、やがて魂が肉体から離れました。

私の人生における最高の贈り物のひとつは、最期の瞬間に母のそばにいられたことです。母の魂が旅立つときに、抱きしめてあげられたことです。あのとき、私は深い悲しみに包まれながらも、同時に言葉にならないほどの美しさと自由を感じていました。それは母にとっての自由であり、本物の愛が生まれるために必要な自由でした。

母が旅立った日、**「愛は見返りを求めずに与えられるもの」**[2]というヨガナンダの教えを身をもって理解しました。「安らかに眠ってね」と母に伝えた瞬間、自分はもう、母から愛を与えられることはないのだと思いました。少なくとも、いままでのように電話で相談に乗ってもらうことはできません。母はもう、孫を腕に抱くことも、あの子たちが歩くのを目にすることも、何気ないことで笑ったり泣いたりすることもありません。母が私の人生に肉体として存在することは二度とないのです。

母が亡くなる前の数時間のうちに、私はあることに気がつきました。別れを告げるためには、自分も手放さなければならないということです。「お互いに相手を手放す」という考え方を知ったことで、私の人生は急激に変化し、心の扉が大きく開かれました。いままでは、母は何よりも大切なことを教えてくれたと思っています。私たちは、見た目や能力や生き方に関係なく、純粋な愛を体現する存在なのです。私の母は愛そのものでした。あなたも私も愛そのものです。愛とは、私たち全員の内側にあるものなのです。

この考え方を自分のものにすると、やがて内なる愛が大きな〝爆発〟を起こします。そして、その感覚を経験したあとは、きっかけとなる出来事がなくても、定期的に〝爆発〟が起きるようになります。

愛は内側にあるもの

ヨガナンダは、「セルフ・リアリゼーション・フェローシップ・レッスン」のなかで、ヒマラヤのジャコウジカによく見られる悲しい現象について語っています。ジャコウジカは、腹部の皮膚の下に香嚢という袋をもっていて、そこからすばらしい香りの物質を分泌します。おとなのジャコウジカは、その香りに興奮し、発生源を突き止めるために、岩の下、木のまわり、花のなかといったあらゆる場所を探しまわります。

探しはじめてから数週間が経つと、ジャコウジカは落ち着きを失い、気性が荒くなっていきます。正気を失い、高い崖から飛び降りて死んでしまう個体もいます。本当は、香りの発生源は自分の内側にあるのに、ジャコウジカたちはそのことに気づかないのです。

私たちも、愛を求めて同じような行動をとっています。多くの人が、愛とは自分の外側にあり、大切な人や家族から与えられるものだと考えているのです。ソーシャルメディアを見てみれば、他者からの賞賛を求める投稿がどれだけ多いかがわかるでしょう。

実際には、他者から愛を「もらう」ことなどできません。他者にできるのは、私たちが自分のなかにある愛を感じられるよう促すことだけです。外的なものは愛の源にはなりえません。**もしあなたに、「この人は自分を愛してくれている」と思える人がいるのなら、その人はあなたの内側にある愛を反映してくれているのです。**それは単なるイメージであって、愛そのものではありません。もちろん、他者から与えられるイメージによって、進むべき方向を知ったり、それまで気づかなかったことに気づいたりすることもあります。

でも、本物の愛はイメージよりもはるかに強い力をもっています。愛は、名詞ではなく動詞です。花を愛でたり、子どもを育てたりする〝行動〟こそが愛なのです。

愛とはいわば、真の自己が起こす行動だと言えるでしょう。

本物の愛にアクセスする

自分の外側にあるものに愛を求めようとすると、そこには〝執着〟が生じます。人はみな、愛されることを求めています。それは人間の本質的な欲求です。でも、その欲求が完全に満たされることはないので、私たちはよく絶望的な気分に襲われます。また、愛を求めるあまり、自分の意思に反した決断をしてしまうこともあります。たとえば、孤独になるのが嫌で中途半端な人間関係を続けてしまったり、必要以上に見た目を気にしたり、相手を喜ばせるために本音を隠したりといったことです。

あなたも、他者から愛されるのはとても大変だと思っているかもしれません。でも本当は、そんなことはないのです。ヨガナンダは、**「愛とはきわめて単純なものである」**と言いました。愛とはつまり、あらゆる愛の源泉である「真の自己」とつながることです。

「人が経験しうる最大の愛は、瞑想を通じて神と交わることである」とヨガナンダは説いています。[3]

この言葉は、私がこの本を書いた理由でもあります。本書で紹介する練習を重ね、瞑想を行えば、悟りを開き、私たちにもともと備わっている安らぎと愛をありのままに感じられるようになるはずです。ヨガナンダはこうも言いました。

「瞑想しているときこそ、愛が育まれるのです」[4]

自分の「内なる指標」を見れば、愛がどれくらい育っているかがわかります。内なる指標とは、喜び、忍耐力、優しさ、思いやりといったものです。自分自身とのつながり方や、他者とのつながり方もいい指標になるでしょう。自分の外にある指標、たとえばソーシャルメディアのフォロワー数、ちやほやしてくれる人の数、社会的地位や収入などは、愛の指標にはなりえません。愛は数字で表せるものでも、利己的なものでもありません。愛とはつねに忍耐強く、穏やかなものなのです。

ワンネス

あらゆるものごとは、愛か恐怖のどちらかである――そう聞いたことはありませんか?

私たちの生活のなかで、恐怖は「不和」や「分裂」のかたちで現れます。サンスクリット語の「マーヤ」という言葉は、一般に「妄想」と訳されますが、本質的には「分裂や差別や不和をもたらす力」を表しています。[5] マーヤとは、私とあなたのあいだ、そして「私たち」と「彼ら」のあいだに存在するものです。恐怖は、見た目や成績が他者よりも劣っているとか、時間や才能が不足しているという感覚につながり、やがてうつ病や不安症となって表に出てきます。

私たちは、何かを恐がる必要などありません。一部の人々やメディアは、世界は不和や分裂に満ちていると声高に主張しますが、そんな言葉をいちいち鵜呑みにしなくてもいいのです。私たちは、自分の直観を頼りにして、世界は調和がとれていると考えることができます。それは排他的な調和ではなく、包括的な調和です。愛とは包括的なものです。すべてのものは、愛のなかに含まれています。子どもも大人も関係なく、誰もが愛の一部なのです。「ワンネス」とは、そのことに気づくことです。私たちはみな、大きな輪のなかに存在しています。誰かひとりの身に何かが起きたなら、全員の身に起きたのと同じことです。だから私たちは、お互いに対してつねに気を配らなければいけないのです。

人はみな、スピリットを通じてつながっていて、同じリズムで鼓動を刻んでいます。お互いの内側にある愛と深くつながれば、表面的な違いはもはや気にならなくなるでしょう。私たちは異なるかたちで自分を表現していますが、同じ核をもっています。ヨガナンダの言葉を借りるならこういうことです。

「互いの愛を反映するという行為の根本には、宇宙の大いなる愛が存在します」[6]

もちろん、価値観や政治観が合わないとか、子育ての方針が理解できないとかいう理由で好きになれない人もいるでしょう。でも、そういう人たちでさえ、本質的な部分ではあなたとつながっているのです。人はみな、愛の一部です。嫌な隣人も、わかり合えない義理のきょうだいも、あなたと同じ存在なのです。

とはいえ、誰に対してもつねに愛をもって接しなさいと言うつもりはありません。ここからは現実的な話をしたいと思います。ブッダやイエスなら、すべての人を平等に愛することができるのかもしれませんが、ふつうの人にはまず不可能です。私たちはいま、真の愛に向かう道を歩いていますが、ゴールまではまだまだ距離があります。まずは、自分がいまいる場所を受け入れて、自分がどういう人に嫌悪感を抱いているかを考えてみましょう。思い浮かべるのは、個人的な知り合いでも、政治家でも、有名人でも、誰でもかまいません。ヨガナンダは、**「誰かのふるまいを〝醜い〟と感じたときは、その人のよい面にだけ注意を向けるようにしなさい」**と説きました。好きになれない人と無理に一緒にいろとまでは言いませんが、わざわざその人の悪口を言う必要もないのです。「遍在する愛」

を本当の意味で感じる方法は、すべての魂のなかに愛を見出すことだとヨガナンダは述べています。

振り返り――わかり合えない人とわかり合う

あなたが「わかり合えない」と感じる人は誰ですか？　個人でも団体でもかまいません。その人たちの生き方には賛同できないとしても、その人の魂の深いところに目を向けることはできますか？　共感できない部分、たとえば、目立ちたがり屋なところ、人種差別的なところ、性差別的なところ、ナルシストなところなどをいったん無視して、その人の内面を見てみてください。

何が見えますか？
ある程度までわかり合えそうなところはありますか？
距離を縮めることはできそうですか？

これはむずかしい質問だと思います。でも30秒間、真剣に考えてみてください。どんなふうに感じましたか？

愛であるために愛する

私はここまで、「愛は私たちの内側にある」と書いてきましたが、私たちの外側に愛が存在しないわけではありません。いま、世界にはおよそ80億人の人がいて、その一人ひとりのなかに愛が存在します。はっきりと目に見えない場合もあるかもしれませんが、それでも誰もが愛を内側に秘めているのです。毎日、多くの人が、親切心、思いやり、憐（あわ）れみ、ゆるしの精神を通して、誰かに愛を与えています。愛を与えることは、瞑想と同じで、私たち自身が愛になるために必要な行為です。ボランティア活動をはじめ、世のため人のために何かをしているときに気分がよくなるのは、自分が愛そのものになる実感を得られるからだと考えられます。

LSE（ロンドン・スクール・オブ・エコノミクス・アンド・ポリティカル・サイエンス）は、「愛を数値化する」という非常にむずかしい試みに挑戦しました。同校の研究チームは、ボランティア活動に焦点を当てて調査を行い、ボランティア活動に従事する時間が増えると幸福度が上昇することを明らかにしました。また、「他者に共感する」「他者とかかわる」「笑顔になる」といった行動をとることが多いほど、他者に愛と思いやりを与えられることも判明しました。[7] この研究結果を知って、私はモハメド・アリの有名な言葉を思い出しました。

「他者への奉仕は、この地球に居場所を確保するための賃料だ」

愛は能動的なものです。愛とは行為であると同時に、一種の反応でもあります。くだらない相手を前にしたときにも用いるべきものです。あなたが愛である理由は、愛によって創造され、愛によって今日まで生きてきたからです。スピリットの本質は愛であり、あなたの本質も愛です。あなたはスピリットと、そして真の自己とともにあるのです。

以上をふまえて、次のことを心がけてください。**自分のことを過度に心配するのをやめる。他者が成功するための手助けをする。都合のいい人にならないように気をつけながらも、他者に尽くすようにする。**愛は、与えると2倍になって返ってくる唯一のものです。たとえば、1個のリンゴをふたりで分け合ったら、半分ずつしか食べられません。10ドルをふたりで分け合ったら、取り分は5ドルです。でも、愛は2倍になります。愛は増えるものです。もっと言えば、愛が愛を創造するのです。

もし、あなたが愛を探しているなら、マッチングアプリを使うのではなく、他者のために何かをするようにしましょう。瞑想を始め、内なる自分のことをもっと知りましょう。そうすれば、いずれ波長が合う人と出会えるはずです。**自分をいったん捨てることで、理想の自分に一歩近づけるのです。**

振り返り――愛の源泉

本当の意味で自分を愛せるようになるには、長い旅路を歩まなければなりません。これから紹介する振り返りは、旅に対するあなたの意識を高め、前に進ませてくれます。1日でゴールにたどり着けるわけではありませんが、振り返りと瞑想を続ければ、ハスの花が泥のなかから顔を出すように、自分への愛が着実に育まれていくでしょう。

時間をかけて振り返りを行い、以下の質問への答えを紙に書き出してください。

1. 愛とは行動です。あなたは最近、どんな「愛の行動」をとりましたか?

2. 他者の愛情を確かめたり、誰かに愛情を求めたりすることは、あなたにとってどんな意味がありますか？

3．これまで、愛を「手に入れる」ためにしてきたことのなかで、あなたに合わないものはありましたか？

4．「本当の私は愛である」と自分に向かって言ってみましょう。頭のなかに何が浮かびましたか？　ありのままに書き出してください。

人間関係と愛

愛について語る以上、人間関係というテーマを避けて通るわけにはいきません。正しい人間関係は、あなたの人生をよりよいものに昇華します。ただし、人間関係は、あなたのなかに満ちている「自分への愛」に取って代わるものではありません。

まず、恋愛について話したいと思います。あなたはこれまで、恋人を見つけようと躍起になったことはありますか？　最高の恋人さえいれば、心に空いた穴がふさがる、孤独感から解放されると思ったことは？　あるいは、誰かに愛されたい、必要とされたいという思いから、好きでもない人と一緒にいたことはありませんか？

私たちに必要なのは、平静を保ち、振り返りと瞑想を行いながら、自分自身とのつながりに意識を向けることです。自分自身を深く知れば、自分に対する愛が芽生えてきます。そして、非常に強いエネルギーを世界に向けて放ちはじめるのです。ポイントは、そのエネルギーには他者を惹きつける「周波数」があるということです。あなたは愛を探す人ではなく「発する」人になり、それまで以上に多くの人々があなたに好意を寄せるようになるでしょう。

また、家族や友人を含むあらゆる人間関係において、つねに「ワンネス」を意識するようにしましょう。自分の愛を狭めてしまうと、独占欲や嫉妬心、そして執着心に付け入る隙を与えてしまいます。ヨガナンダはこう言いました。

「執着は、家族の愛をはじめ、あらゆる人間関係を損なうものです。なぜなら、執着は他者を排除し、むやみな独占欲を助長するものだからです」[8]

嫉妬心の根底には恐怖があります。恐怖が愛のアンチテーゼであることは、すでに説明したとおりです。嫉妬心は分裂をもたらし、調和を乱します。うまくいく人間関係は、例外なく強い信頼の上に成り立っています。パートナーと一緒にいることを選ぶなら、相手のことを信じましょう。それができないなら、すぐに別れるべきです。あるいは、子どもが成長して独り立ちしたときは、子どもたちとつながっていることを信じましょう。愛と執着は別物です。すべての人間関係から執着を捨て去りましょう。ただし、相手とのあいだに一線を引くという意味ではありません。執着を捨てたうえで、自分なりのベストを尽くすことが大切なのです。

ヨガナンダは、人間関係においては「お互いに敬意を払うこと」が大切だと説いています。

「互いの個性を受け入れて初めて、性質の異なるふたつの魂が、共通の目標に向かって人生の荷車を引いていけるのです。人間関係は、真実の上に成り立たなければなりません[9]」

ゆるし――愛を開くための道

「ゆるし」は、私たちのあらゆる行動を、より愛に満ちたものにする強力な方法です。人は誰しも、幼少期までのあいだに大小さまざまな〝傷〟を負っています。でも、きちんと治療されていない傷は、大人になっても醜い跡のまま残り、愛の流れを妨げる原因となります。私たちが、何かに対して毎回同じような反応をしたり、特定の状況下で取り乱したり、過去のある出来事を何度も思い返したりするのは、幼少期に負った傷のせいかもしれません。過去の傷を引きずっていてはエネルギーが無駄になりますし、生涯を通じて私たちのなかを行き交うはずの愛の流れがせき止められてしまいます。

そうした状況を抜け出したいのなら、「ゆるす」ことを覚えましょう。ゆるしには、傷を解き放ち、外に流れさせるという意味もあります。簡単なことではありませんが、うまくゆるすことができれば、人生に革命が起きるかもしれません。

科学者たちは、ゆるすことは健康にもつながると考えています。心理学専門誌『サイコロジカル・サイエンス』に掲載されたある研究は、「ゆるすことは、傷ついた人を傷と復讐心の牢獄から解放し、ストレスの軽減、ネガティブな感情の減少、心血管の問題の改善、免疫システムの向上といった、感情的および身体的な利益をもたらす可能性がある」[10]と理論づけています。また、何かを「ゆるさない」でいる人の筋肉の状態を生理学的に測定したところ、皺眉筋に強い緊張が見られたようです（言うまでもありませんが、これはしわの原因になります）。

とはいえ、傷を抱えていたほうが楽な場合もあります。私たちのエゴは、「与えられるべきものを与えられなかった」「不当な扱いを受けた」といった経験を記憶にとどめようとするので、そういう記憶はなかなか手放せません。でも、腸のなかに食べ物がとどまると腸閉塞になるように、痛みが心にとどまると、精神的、霊的、感情的な障害になる恐れがあります。また、誰かに嫌なことをされた経験を覚えている人は、ほかの人にも同じことをされるのではないかと不安に思うものです。その感覚は、私たちに間違った力を与え、復讐へと駆り立てます。そういうとき、人は直接的な危害を加えるのではなく、「無視」や「やるべきことをやらない」といった受動攻撃的な行動をとる場合が多いのですが、それでも復讐は復讐です。結局、復讐をしたところで、最後に痛い目を見るのは私たちのほうです。さらに、過去の嫌な経験を引きずっている人は、ゆがんだ正義感にとりつかれたり、自分は他人よりもすぐれていると思い込んだりする可能性もあります。ゆるすことは、精神的な下剤を服用するようなものです。心に溜まった汚いものを外に出す行為なのです。

何かを「ゆるす」と決めたとき、重いものが持ち上がる感覚を味わうはずです。ゆるすことは、大きなエネルギーを解放する行為です。強いて言えば、凝り固まった筋肉をもみほぐすのに似ています。ゆるすことの解放感を一度でも実感できたなら、その後はもっと気軽に、さまざまなことをゆるせるようになるでしょう。

ゆるすという行為のなかでも最も重要なのは、自分自身をゆるすことです。私たちはみな、さまざまなかたちで間違いを犯しています。イライラしていて親に怒鳴ってしまったこと、大事なプロジェクトでミスして怒られたこと、嘘をついたこと、くだらないことを言って誰かと口論になってしまったこと……。そういう過去の失敗や過ちを思い出して自分を責めてもいいことはありません。あなたがすべきことは、自分の味方になってあげることです。いまのあなたは、1年前のあなたとは別の人間です。1か月前、さらに言えば昨日のあなたとも別人なのです。私たちは成長しています。成長の速さは人それぞれですが、それでも着実に成長を続けているのです。

考えてみてください。もし、昔のあなたがいまと同じ知識をもっていたら、ルームメイトと喧嘩になりましたか？　大切な人のもとを去りましたか？　誰かの陰口を言いましたか？　たぶん、答えはノーでしょう。あなたが歩む道は、ほかの人のそれと同じように、途切れることなく続いています。あなたは〝悪い人〟ではありません。ただ、人生のある瞬間に、ものごとをじゅうぶんに理解できていなかっただけなのです。

愛と調和しはじめると、自分の内側と外側の両方にワンネスが生まれるのがわかるでしょう。ずっと探していた愛は、最初から自分のなかにあったと気づくはずです。

振り返り――「ゆるし」の練習

私は複数の「ゆるし」の練習を行うようにしています。私がふだん、軽やかな気持ちで幸せに過ごせているのは、これらの練習のおかげです。他人にいっさい恨みを抱いていない人はまずいません。誰しも、親や同僚、友人、昔の恋人、教師といった人に多少なりとも恨みをもっているはずです。恨みは、私たちの心の重荷です。異物や毒素が消化管を詰まらせるように、私たちのエネルギーをせき止めるものなのです。

ゆるしはとても複雑でむずかしい行為です。私たちは、自分を傷つけた人をゆるすことができます。でもそれは、人を傷つけるという行為自体を容認するわけではないのです。また、人をゆるすのには時間がかかります。骨を折ったとしても、数週間もすればギプスがとれて、ふつうに生活できるようになりますが、ぼんやりとした痛みはなかなか消えず、何か月も、下手をすれば何年も定期的に病院に通わなければなりません。身体だけでなく、精神や感情の傷にも同じことが言えます。

これから紹介するエクササイズは、いわば心のリハビリです。時間はかかりますが、続ければ確実に傷が治っていきます。また、痛み、苦しみ、怒り、悲しみ、さらにはトラウマまでもが、あなたの明るさに変わっていくはずです。あなたは自由を手に入れ、悟りへの道を歩んでいけるでしょう。ほかの誰かのためではなく、自分自身のために、次のエクササイズを行ってみてください。

このエクササイズは、私が以前受けたニューロフィードバック・トレーニング〔脳波をリアルタイムで測定し、被験者自身がリアルタイムに確認（フィードバック）することで、脳の自己調整機能を高める手法〕をもとに考案したものです。[11] 私自身、このトレーニングで高い効果を実感したので、みなさんにもぜひ試してほしいと思っています。では、あなたのなかにどのようなエネルギーがあり、どのような怒りや恨みが消えずに残っているかを明らかにしましょう。

1. まずは静かな場所に座り、最低でも数分間の瞑想を行いましょう。思考が制御され、身体の声が聞こえやすくなります。
2. 次に、誰かに傷つけられたとき、苦しめられたときのことを思い出してください。
3. その出来事を身体で感じましょう。具体的にどの部位が反応しているかを意識します。首なのか、喉なのか、心臓なのか、胃なのか、それともほかの場所なのか。出来事そのものについて考えるのではなく、ただ身体に生じる感覚にだけ意識を向けてください。時間を気にする必要はありません。気持ちが落ち着くのを待ってから、次のステップに進みましょう。

4．今度は、その出来事のポジティブな面を考えてみましょう。少しタフになったとか、少し自立できたとか、そういったもので大丈夫です。「おかげで、いまこうしてゆるす方法を学べています」というのでもかまいません。感謝の気持ちが身体のなかにわいてきたら、次に進みます。

5．次は、相手の立場に立ってみましょう。なぜその人がそんなことをしたのかを考えてください。もしかしたら、その人は傷ついていたのかもしれません。ついてない1日だったせいでイライラしていたのかもしれません。あなたがかつてそうだったように、その人も知識や経験が足りていなかったという可能性もあります。その人に対して、「共感」と「思いやり」をもつようにしましょう。その気持ちは、これまでのステップで手にした「気持ちの切り替え」や「感謝」と同じく、あなたを癒すエネルギーになります。忘れないでください。すべては、あなた自身を癒すためのステップなのです。

6．愛をもってエクササイズを終えます。手を合わせて祈りを捧げ、傷や痛みを手放すことを決めましょう。そして、それができることを祝福しましょう。自分と、過去のつらい出来事にかかわったすべての人に愛を捧げましょう（ここまでやり遂げたなら、あなたは本当の意味で「ゆるす」ことができたと言えます）。そして最後に、大いなる癒しと変化をもたらした愛の力に身をゆだねましょう。

人生においてより多くの愛を感じる方法

1．相手を批判せず、同情するようにする

自分の傷と向き合うことで、他者の心にも傷があると考えられるようになります。すると、誰かが気になる行動をとったときに、その原因が〝悪意〟ではなく、〝柔軟性の欠如〟だとわかる場合もあるはずです。人はみな、多かれ少なかれ閉塞感を抱えています。相手に同情することで、状況を変え、他者が自分のふるまいを見直すきっかけを与えられるのです。

2．感謝の気持ちをもつ

感謝の気持ちをもつと、善良なことやポジティブなこと、そして愛に意識が向くようになります。「欠乏感」に焦点を当てながら生きていると、あらゆるものが足りなくなってしまいます。人生において、何かが不足することは避けなければなりません。水や食べ物が長時間にわたって不足すると命にかかわりますが、愛についても同じことが言えます。反対に、「豊かさ」に焦点を当てると、人生はより豊かなものになっていきます。あなたは、自分の人生がすでに満たされていることを実感し、感謝するようになるでしょう。そして感謝することで、あなたはさらに多くのものを手にするのです。ハーバード大学医学部が運営している健康情報サイト「ハーバード・ヘルス・パブリッシング」によると、心理学の分野では、「感謝の気持ちをもつと、人はポジティブな感情を抱き、健康状態が向上し、より強固な人間関係を築けるようになる」ことが明らかになっています[12]。

3．ちょっとした人付き合いにも愛情を注ぐ

日々の小さな積み重ねは、いつか大きな違いとなって表れます。カフェや郵便局で誰かと言葉を交わしたり、スポーツジムやエレベーターのなかで誰かとすれ違

ったりするときも、愛情をもって相手と接するようにしましょう。そのささやかな愛が、やがてあなたの人生全体に広がっていくのです。

4．他者への愛だけを心に抱く

ヨガナンダは次のように述べています。

「誰かを善良な人にする方法は、その人のなかにある善良な部分を見ることです[13]**」**

人の表面的な部分ではなく、心の奥にある善良な部分に目を向けるようにすると、驚いたことに、その人は（少なくともあなたの前では）善良な部分をもっと表に出そうとしはじめます。前にも書いたように、意識を向けたものは拡大していくのです。だから、相手の内側にある愛をよく見るようにしましょう。やがて、あなたの人間関係は大きく変化し、人付き合いが驚くほど簡単なものになるはずです。

第6章

あなたは完全

ダイヤモンドは、泥にまみれると
価値を損ないますか?
神は、私たちの魂の不変の美しさを
見ているのです

パラマハンサ・ヨガナンダ[1]

あなたの大きな部分

「あなたは完全である」とはどういう意味でしょうか。もしかしたら、最近はやりの「ホールフード」（加工されていない丸ごとの食品）を思い浮かべる人もいるかもしれません。でも、ここで言う「完全」には、もっと大きな意味が含まれています。

私たちの多くは、表面的な部分にばかり目を向けがちです。たとえば、見た目、社会的立場（女、男、母親、父親、妻、図書館員、会計士、弁護士、若者、中年、学生など）、成し遂げたこと、いま成し遂げようとしていることなどの情報をもとに人を判断しようとしてしまいます。でもそれらは、その「表面下」にあるものに比べたら取るに足らないものばかりです。作家のウェイン・ダイアーが「肉体のかたちをとっている、あなたという存在の1％」と呼んだものの下には、もっと大きな何か、すなわち真の自己があるのです。[2]

表面的な部分は、自分の好みに合わせて変えることができます。自分の表面をいじくりまわすのは、ときに楽しく、ときに大変な作業になるでしょう。でも、自分のなかの完全な部分とつながれずにいると、どれだけ表面をいじっても満たされず、ひとことで言えば

「欠乏感」に支配されたままになってしまいます。前章でも述べたとおり、欠乏感は、自信や自己愛や心の平穏にとっての障害になります。また、エネルギーが欠乏すると、誰かを愛したり、人間関係を築いたり、チャンスをとらえたりできなくなります。それは「完全」な状態とは正反対のものです。ヨガナンダはこう説いています。

「もし波が、みずからのかたちを崩し、海と一体にならなかったとしたら、波という現象の可能性はきわめて制限されます[3]」

ひとたび自分の完全性に触れたら、人生との向き合い方そのものが一変します。新たな道が開かれ、自意識が高まり、豊かさと愛を感じられるようになるだけでなく、刺激に満ちた新しい人間関係を築けるようにもなります。そしていつかは、自由——すなわち悟りの境地に達することができるはずです。

あなたの行動があなたらしくないとき

人は誰しも、自分なりに「最高」の人間でありたいと思っています。でも、いつでも正しい人でいられるわけではありません。たとえば、不当な扱いを受けたり、誤解されたりすると、怒りや悪意や憎しみに身を任せてしまうものです。過去の傷に触れられたときに過剰に反応してしまい、しばらくしてから自分のふるまいを後悔したという経験は誰にでもあるでしょう。大切なのは、過去から学んで前に進むことです。ヨガナンダは**「過去の過ちや恨みは忘れ、よいことだけを思い出すようにしなさい」**と説いています。[4]さらに、彼はこうも言いました。

「よいことだけを考えれば、自分がスピリットと一体であることを思い出します」[5]

でも反対に、自分が過去に犯した悪いことに囚われてしまったときは注意が必要です。罪悪感を長いあいだ抱え込んでいると、「恥」につながるからです。

恥とはつまり、強烈な自己批判であり、自分のどこかが不十分だとか、不適切だとか、不純だとかいう感覚から生じるものです。[6]でも実際のところ、あなたが過去に何をしたとしても、それは単なる記憶でしかありません。そう考えると、過去の出来事をいつまでも悔やんだり恥じたりするのは、ばかげていると思えてきませんか？

2万2000人以上の被験者を対象にした108の研究の結果をメタ分析したところ、恥はうつ病と密接に結びついていることがわかりました。[7]ほかの研究でも、恥と不安には関係があることが明らかになっています。[8]さらに恥は、ステロイドホルモンであるコルチゾールと炎症性サイトカイン（ＰＩＣ）を分泌させ、免疫力の低下をはじめ、身体のさま

ざまな不調を引き起こすことがわかっています。[9,10]

罪悪感や恥を自分の一部だと見なしてしまうと、本来の自分がどんどん遠ざかっていきます。そういう人は、もはやみずからの価値を信じられず、自分はだめな人間だ、愛されるはずがない、ほかの人とかかわってはいけない、などと考えるようになります。でも、そういう考え方は完全に間違っています。

そもそも、私たちは悟りを開くための旅の途中にいるのですから、完璧なはずがないのです。誰もが間違いを犯し、学び、場合によってはまた同じ間違いを犯して、さらに学んでいきます。誰だって同じです。真の自己はつねに輝いていますが、表面には出てきません。人の表面的な行動はすべて、不完全であたりまえの「人間性」から生じるものです。たとえば、あなたのエゴは、危険を察知するとあなたを守るために「拒絶」という行動をとります。エゴの性質は、あなたの本来の性質ではありません。あなたのなかにある傷や恐れが一時的に表面に出てきて、痛みに対処しようとしているだけです。実際、ヨガナンダはエゴを「偽の魂」や「魂の影」と呼んでいます。だから、深刻に考えすぎないでください。過去の行いを悔やむあまり、いつまでも自分を責めたり、罪悪感に縛られつづけたりする人はたくさんいます。でも、そういう考え方をしても得るものはないのです。

エゴはある意味、扱いづらいティーンエイジャーのようなものです。なんでも知っているような顔をしていますが、本当はたいした知識なんてもっていません。そして、自分でもそのことがよくわかっているのです。ティーンエイジャーに正論をぶつけるとどうなるかを考えてみてください。たいていの場合、感情的になって、論理も何もあったものじゃない非難の言葉を浴びせてきます。私もかつてはそうでしたし、あなたにも覚えがあるのではないでしょうか。そういうやりとりは気分がよくありませんし、心身ともに消耗するだけです。重要なのは、ティーンエイジャーが口にするひどい言葉は、自分のほうが正しいという信念ではなく、不安と恐怖からくるものだということです。

つまり、エゴは根っからの悪者ではありません。正しい知識を持ち合わせていないだけなのです。

相手の立場に立って考える

この世界がトラブルに満ちている理由のひとつは、誰もが相手の立場に立てていないことです。人とかかわるとき、私たちはありのままの相手を受け入れるのではなく、自分が「こうすべき」だと思うことを相手にも期待してしまいます。

ヨガの哲学は、「非二元性」への道を教えてくれます。非二元性とは、「すべてのものはただ存在している」ということです。その意味について考えたり、判断したりする必要などないのです。たとえば、あなたという人間にはさまざまな側面があり、それらが波のように上昇したり下降したりしています。でも、波のずっと下にあるものが本当のあなたです。表面的には変化しているように見えても、あなたの本質はけっして変わりません。どんな行動をとったとしても、あなたはあなたなのです。

私はかつて、必要以上に他人の目を気にして、他人から後ろ指をさされないことだけを考えながら生きていました。でも、ヨガナンダの教えを学び、真の自己とつながりはじめてから、そういう考え方をしなくなりました。**他人の目を気にして生きるのは、傷ついたエゴに従って生きるのと同じこと**だと気づいたからです。

ヨガナンダの偉大なる師（グル）、スワミ・スリ・ユクテスワは次のような言葉を残しています。

「過去は忘れなさい。すべての男性（と女性）は、肉体が消滅すると、恥に満ちた暗闇だけを残します。神と結びつくまでは、人間の行いは不安定なものです。いま、霊的な研鑽を積んでいれば、未来をよいものにできるでしょう[11]」

この言葉からもわかるように、いまの、そして将来のあなたの歩みを過去が妨げてはならないのです。過去から学び、得た教訓を統合し、これから先に下す決断に役立てられるようにしましょう。そして、恐れることなく前に進んでいきましょう。

あなたも私も、ほかのすべての人も、まだ旅の途中です。もしあなたが、誰かと出会い、その人の目をしっかりと見て、その奥にある本当の気持ちや性格を理解できたなら、大きな進歩を遂げた証拠です。あなたはきっと、自分に対しても、いままで以上に深く共感できることでしょう。

振り返り——光によって識別する

ここまで、「真の自己」というテーマについて語ってきましたが、この言葉がいまだにぴんとこないという読者もいるかもしれません。そこで、もう少し具体的な例を用いて真の自己という概念について説明したいと思います。

身体の中心に、ちょうど背骨のように、1本の白い光線が通っているのをイメージしてみてください。物理的なものではなく、純粋なエネルギーです。その光線は、スポットライトのように、あなたという存在のすべてを照らしています。

日常生活のなかで、自分と向き合い、本当の自分について考えるときは、まぶしく輝く光線をイメージして、その完璧な光とみずからの意識を調和させてください。それによって、真の自己と調和することができます。他者とかかわるときも、相手の内側にある光を意識するようにしましょう。その人が大人気ない態度をとったり、不快なことを言ったりすると、光がどこかに隠れてしまうかもしれませんが、つねに内側の光に注意を向けていれば、いずれその人の本当の姿が見えてくるはずです。

その光こそが真の自己であり、私たち一人ひとりのなかにある神聖な部分なのです。誤解のないように言っておくと、私は人間性を否定したいわけでも、つまずいたり転んだりしながら必死に生きるのは無駄だと言いたいわけでもありません。たしかに、あなたの神聖な面は、つねに非の打ちどころのない完全なものです。そして、その神聖な面こそが真のあなたです。

でも同時に、あなたには人間的な面もあります。あなたはその人間的な面、つまり完全な自分になるために進んでいる不完全な自分に、愛情と思いやりをもっています。不完全な自分は、いつか真の自己と完全に結びつくために、浮き沈みを繰り返し、さまざまな教訓を得ながら、困難に満ちた人生の旅路を歩んでいます。そんな不完全な自分を、私たちはゆるし、愛しているのです。

あなたは太陽であり月である

　数年前、私は女性サークルに参加しました。女性サークルとは、さまざまな女性が集まり、自分がいま置かれている状況や、身の回りで起きていることを共有する場です。自分からアドバイスを求めた場合を除いて、ほかの参加者があれこれ口を出すことはありません。大切なのは、相手の話を受け入れられるよう、心にスペースを空けておくことです。サークルは「安全」を保証する場所です。だからこそ、誰もが自分の弱い部分をさらけ出し、真実を語ることができるのです。

　最初のころ、私は「弱い部分をさらけ出す」ことに抵抗がありました。それまで、じっと座って他人の前で自分の話をしたことなんてなかったからです。でも、参加してすぐにサークルの効能に気がつきました。同じような不安や悩みを抱えた人たちが集まると、大きな癒しの力が生まれるのです。心身の幸福を手に入れ、みずからの完全性を感じるための旅においては、そうしたサークルが大きな役割を果たす場合がよくあります。

　私は女性サークルの活動にのめりこみ、まもなく自分のサークルを立ち上げました。サークルではいつも、驚くようなこと、不思議なこと、神秘的なことが起こります。涙が流れることもあれば、穏やかに終わることもありますが、大切なのは、ただその場にいることです。真剣に耳を傾け、自分がどんな感情を抱き、どんな現実に囲まれているかを正直にさらけ出すことです。そうすることで、「転換」が起こります。私たちはお互いを映す鏡なのです。

〝仮面〟を外し、自分の素顔をさらすと、とても大きな力が解放されます。私たちは日常のなかで、さまざまな仮面を使い分けています。職場で、ソーシャルメディア上で、ときには友人の前でも素顔をさらしません。でも、サークルでは仮面をかぶる必要はありません。嘘偽りのない自分をさらけ出して初めて、心からの癒しを得られるのです。

女性サークルに参加した人はみな、「心のなかにあるものを共有したことで安心できた」と語っています。また、多くの参加者が、「心の共有」がもたらした生活面での変化についても報告してくれました。

このあとは、あなた自身のサークルをつくり出す方法をお教えします。そのサークルは、神聖かつプライベートな振り返りの場であり、あなたはそこで、みずからの抑圧されたエネルギーを解放させることができるでしょう。そのためには、まず自分の一部を手放さなければなりません。重要なのは「弱い部分をさらけ出す」ことです。あなたはふだん、弱い部分を隠すために、無意識のうちに亀の甲羅のような硬い殻で自分を守っています。でも、自分の一部を隠すことは「自己否定」にほかなりません。殻がもたらすのは停滞と抑圧だけです。弱い部分をさらけ出し、自分のすべてを解放することで、私たちは完全に生き、完全に情熱的になれます。その状態になって初めて、自分への愛が生まれます。表面的、一時的な愛ではなく、本物の愛です。

自分を見つめれば見つめるほど、より多くのものを手放し、より真の自己の声を聞いて生きられるようになります。すると、それまで遠ざけていたすべてのもの――愛、美しさ、輝き、喜び――が手の届くところまで近づいてくるのです。

振り返り――あなたは太陽であり月である

日記の新しいページを開き、真ん中に縦線を引きます。そして、線で区切った左側の枠のいちばん上に太陽のマークを描き、「私は太陽である」と書いてください。太陽はあなたの「ポジティブ」な特徴のシンボルなので、自分の好きな部分を書き出してみましょう。親切、思いやりがある、友達思い……なんでもかまいません。

今度は、右側の枠のいちばん上に月のマークを描き、「私は月である」と書いてください。そして、自分の「影」の部分をリストアップしていきます。できれば直視したくない、でもときどき顔をのぞかせる、あなたの嫌な部分です。たぶん、このリストをつくるのは簡単ではないでしょう。しかし、大きな力を解放するには「自覚」が必要です。隠そうとしてはいけません。忍耐力がない、ずるい、嫉妬深い、なまけ癖がある、怒りっぽいといった、自分のネガティブな特徴を書き出しましょう。この作業をしているときは、スマートフォンを見たり、爪をいじったりして気をそらさないように気をつけてください。集中して、頭に浮かんだ言葉をすべて書き出したら次のステップに進みます。

左ページがリストの一例です。

ふたつのリストを比べてみてください。深呼吸して、力を抜いて、いろいろな感情が浮かんでくるのを感じましょう。覚えておいてほしいのは、リストに書いてある特徴はすべて、本当のあなたではなく、エゴに備わるものだということです。真の自己は、よい部分も悪い部分も超越しています。とはいえ、自分の行動や性格と向き合い、きちんと理解することは、あなたが完全な存在になるための重要なプロセスです。この「太陽と月のサイクル」を大切にしましょう。

リストを見比べて自分を見つめ直すことは、片手間でできる作業ではありません。最低

「私は太陽である」

愛情深い
親切
信頼できる
忍耐強い
心が広い
きちんとしている
思慮深い
聞き上手
懐が深い
温かい
思いやりがある
カリスマ性がある
寛大
気前がいい

「私は月である」

批判的
不誠実
負けず嫌い
忍耐力がない
心が狭い
怖がり
不注意
人の話を聞かない
排他的
冷たい
意地が悪い
頑固
欲張り
自己中心的

でも10分は集中しましょう。**気持ちが落ち着いたら、目を閉じて、「私は完全な存在です」というマントラを唱えてください。**

私たちには、「忍耐力がない」とか「心が狭い」といった悪い面を隠そうとするだけでなく、過去の恥に執着する傾向もあります。自分で定めた枠からはみ出てしまうと、人は罪悪感や羞恥心や嫌悪感に支配されてしまうのです。

私は別に、自分の過去を洗いざらい世間の人に打ち明けろと言っているわけではありません。自分が経験したことを受け入れ、自分の一部にするよう勧めているのです。あなたの人生は、危険で美しく、予測不可能でおもしろい旅です。そこで起きたことをすべて知っているのはあなたしかいません。お酒の勢いで好きでもない相手と関係をもったことも、誰かの悪口を言ったことも、試験でカンニングをしたことも、浮気をしたことも、ありのままに受け入れましょう。

ヨガナンダはこう言っています。

「過去の過ちについて思い悩むのはやめましょう。それらは、いまのあなたのものではありません。忘れてしまいましょう。あなたが意識するものは、習慣となり、記憶となります」[12]

あなたも、過去の失敗についてあれこれ考えるのをやめましょう。大切なのは、自分の特徴を受け入れることです。たとえ悪い特徴でも、いったん向き合って受け入れてしまえば、もう悩むことはなくなります。レッスンを受け、ネガティブな感情を捨て去り、自由で完全な存在として前に進みましょう。

あなたは数字を超越した存在である

あなたの「完全性」を引き出すための第一歩は、数字で自分を表現するのをやめることです。とはいえ、数字をまったく使わずに自分の行動の意味を理解することはできません。世界に存在する数字を無視して生きることは不可能でしょう。現代社会で生きていくうえでは、制限速度や血圧の値に注意を払わなければなりません。私が言いたいのは、「数字に力をもたせすぎるのをやめよう」ということです。もしあなたが、体重や給料やソーシャルメディアのフォロワー数に気分を左右されているなら、数字との位置関係がおかしくなっている証拠です。

多くの人は、さまざまな手法を駆使して体重を減らそうと躍起になっています。でも私からすると、ダイエットのことなど考えず、自分のペースで過ごしている人のほうが理想的なスタイルを保っているように思えます。ずいぶん皮肉なことですが、これにははっきりした理由があります。人は自分のペースで過ごしていると、ストレスが減少し、胃腸の働きが活発になるので、自然と身体を鍛えたり食事に気を遣ったりするようになるのです。また、自分のなかにある喜びとエネルギーを感じれば、食事を通じて自分の外側にあるエネルギーを求めることが減ります。つまり、食欲に負けなくなるということです。数字に囚われる暇があるのなら、真の自己が秘めた膨大なエネルギーに触れる努力をするほうがずっと効果的だと言えます。

ヨガナンダも、数字に囚われてはならないと警告しています。彼は、自分の年齢は明かさず、年齢を聞かれたときは「私は不死なる存在です」と断言することを勧めました。自分が生まれた年、つまり年齢を気にしすぎていては、不安にとりつかれて消耗するだけです。また、「この年齢の人はこうあるべきだ」という枠に自分を押し込めてしまう危険もあります。たとえば、「50歳の人は、白髪が生え、腰が曲がり、お腹が出る」と思っている人が50歳になると、急に老け込みます。だから、数字に対する思い込みは捨ててしまいましょう。何より強い力をもつのは、私たちの心です。私たちが数字の力を恐れれば恐れるほど、数字は強い力を振るうことになるでしょう。

ひとつ確かなことがあります。無限のもの、真実のものは数字では測れないということです。たとえば、愛を測ることができますか？　知恵や、真実や、美しさはどうでしょう？　どれも数字では表せないはずです。「無限」と調和することで、あなたの実体は拡大していきます。そのとき、数字は意味をなさなくなるのです。

さあ、無限のなかに身を置きましょう。自分を小さい存在だと思ったままでは、悟りを開くことなどできません。結局のところ、数字なんて取るに足らないものなのです。

自然のなかにある完全性

完全性は、自然に備わる本質的な特徴です。1枚の葉にも、1個の石にも、はっきりした完全性を見ることができます。ときに荒れ狂い、ときに静寂に包まれる海も、枝分かれし、いびつに曲がった木の枝も、ただそこにあるだけで完全な存在なのです。

太陽は昼に輝き、やがて夜の闇と交代します。どちらかがよくて、どちらかが悪いわけではありません。ふたつを合わせて、ひとつの完全なサイクルになっています。母なる自然は、光と闇、日の出と日の入り、そしてほかのあらゆるものの〝中間〟に存在するのです。

自然はあらゆるかたちをとりますが、その根底にはスピリットのエネルギーが存在します。そして、それはあなたも同じです。目に見える表面的な部分も、表面を照らす真の自己も、どちらもあなた自身なのです。

振り返り――自然から完全性を吸収する

何かに〝浸る〟ことは、いい勉強になります。自然が秘めている「不変の完全性」に身を浸してみれば、あなたも多くのことを学べるでしょう。

このエクササイズに必要なのは、自分が心惹かれる自然を見つけることです。街のなかにある公園でも、海辺や湖のほとりでも、山の上でも、自分の家の庭でも、子どもの遊び場に植えてある木でも、なんでもかまいません。

気に入った場所が見つかったら、目をしっかり開いて、周囲を見渡してください。そこにあるものを、ただありのままに感じるのです。そして、(できれば)地面に腰を下ろし、10分から20分ほどじっとしましょう。音楽を聴いたり、誰かと話をしたりするのは禁止です。静かに観察し、起きるすべてのことを目撃するのです。

何かを「する」のではなく、ただそこに「ある」ことの完全な力を感じてください。

可能であるならば、第7章、第10章、第20章で紹介する「瞑想」の練習をすることをお勧めします。

実践的なアドバイス――自分のなかの完全性を呼び覚ます

1．解放する

あなたが後悔している過去の出来事を思い出してください。子どもや大切な人に怒ってしまった、嘘をついてしまった、みっともないまねをしてしまった、何かを壊してしまった……なんでもかまいません。そういう出来事を思い出すと、さまざまな感情がわき上がってくるはずです。何度も繰り返して、その出来事を思い出すたびに同じ感情がわき上がるようにしましょう。

次に、深呼吸をして、その出来事から何を学んだかを考えます。「ああいうことはしてはいけないとわかった」のような簡単なものでも大丈夫です。そして目を閉じ、両手を胸に当てて、「私はいま、手放します」と宣言しましょう（心のなかで宣言するだけでも大丈夫です）。

「自分はやれるだけのことをやった」ヨガナンダが言うように、「過去は過去だ」と自分に言い聞かせて、本気ですべてを手放すことが大切です。あらゆる感情がわき上がり、自然に消えていくのを感じましょう。

瞑想を行い、日記を書きつづけていると、自分の重荷になっている過去の出来事がはっきりとしたかたちをとりはじめます。過去をひとつずつ手放し、いまの自分に目を向けられるように、このエクササイズを続けてください。

2．意識をそらす

数字を意識しないよう気をつければ、数字の支配から解放されます。まず、体重計を捨てることから始めましょう。ソーシャルメディアの「いいね！」の数を10秒おきに確認したり、自分の年齢を誰かに話したり、貯金額に頭を悩ませたりするのも今後は禁止です。

数字のことで悩んでも消耗するだけです。それは、無限のエネルギーを有限の何かと交換するに等しい行為です。あなたは、永遠の豊かさと100ドル札を交換したいと思いますか？

自分に自信をもち、自分の内側に意識を向けましょう。あなたの内側には、数字に縛られることのない、無限のエネルギーが秘められているのです。

3．自分がどう感じているかを意識する

自分の身体の声を聞きましょう。服を着て、街を歩いている自分をありのままに感じましょう。年齢や体重といった数字をもとに、自分の身体の状態を決めつけるのは間違っています。どこも悪くないのなら、ダイエット法や健康法を無理に試す必要はありません。身体が重いとか、エネルギーが足りないと思ったときに初めて、なんらかの手を打てばいいのです。自分の外側にある情報ではなく、自分の身体と内なる感情から得られる情報に従ったほうが、ずっといい結果を得られます。

4．自分は殻ではなく芯だと覚えておく

ココナッツを思い浮かべてください。収穫したばかりの新鮮なココナッツを見たことはありますか？

実を覆っている殻は数センチの厚みがあり、硬くてざらざらしています。でも、それはココナッツの本質ではありません。殻の内側には、雪のように白い果肉と、甘いジュースが隠れています。人生も同じです。おいしいもの、栄養になるものは、殻の内側に隠れているのです。そのことをけっして忘れないでください。

生きていくうえで重要なのは中身です。過去の失敗、トラウマ、傷、体重、年齢、摂取カロリー、身長、貯金、給料といったものは、あなたの〝殻〟でしかありません。それらはあなたの本質ではないのです。そして、硬い殻をもつココナッツが教えてくれるように、おいしいのは中身のほうなのです。

第7章

実践する

瞑想① 基礎編

多くの人は、物質的な目標を達成しようと、人生をかけて報われない努力を重ねています。しかし彼らは、大切なことを見逃しています。世俗的なものを手に入れようとする前に、その熱意の10分の1だけでも神を見つけることに費やしていたら、欲求の一部ではなく、すべてを満たすことができたのです

パラマハンサ・ヨガナンダ[1]

瞑想こそが最高の方法

古代のヨガの教えでは、悟りを開き、自己変革を実現する唯一かつ最高の方法は瞑想だとされています。これはまぎれもない真理です。人生において、真理と言いきれるものはそう多くはありません。だから、こうして真理に出会えたことを喜びましょう。

この40年間で、人々は瞑想の大切さに気づきました。いまでは、瞑想に関するプログラムや施設やアプリは数えきれないほど存在します。どれを行えばいいかについてはっきりした答えはありませんが、本気で悟りへの道を歩みたいのであれば、悟りを開いた師、すなわち「グル」を見つける必要があります。グルという言葉は、サンスクリット語で「あなたを闇（gu）から光（ru）へと導く存在」を意味します。

小学校の理科の実験をなんとかこなせる程度の知識しかもたない人に、家の配線の仕方を教わりたいという人はまずいません。瞑想も同じように、じゅうぶんな資質を備えた人、悟りの山の頂上に達し、そこに至るまでの道を示してくれる人から学びましょう。

ヨガナンダの教えは、長い歴史の上に成り立っています。彼は、偉大なヨガの師たちが数千年かけて築き上げた叡智を受け継いで独自の理論を発展させたのです。つまり、ヨガナンダの瞑想法は、数千年かけて効果が実証されたものだということです。

真のグルから学ぶことは、しっかりした容器をつくることに似ています。もしあなたが、自信を失っていたり、恐怖のせいでエネルギーを浪費していたりするなら、まずはあなたという「ボウル」の穴をふさぎましょう。そうすることで初めて、自分の望むものでボウルを満たせるようになるのです。

古代ヨガの秘密の教えは、もともと師から弟子へ口頭で伝えられてきました。しかしヨガナンダは、ヨガの歴史上初めて、クリヤ・ヨガの教えを紙に記し、世界中の人が学べるようにしました。せわしない日々を送り、迷い、悩む現代の人々は、これまでにないほどヨガの教えを必要としていると彼は考えたのです。

本書で紹介する練習や瞑想法は、ヨガナンダの過去の講演や、彼が書いた文書や著作を参考にしてまとめたものです。クリヤ・ヨガの本質は、精神と肉体を鎮め、思考と感情と感覚の乱気流からエネルギーと注意を引き離すことだと言えます。そうすることで、内なる平穏を感じ、真の自己と深くつながれるようになるのです。

この章では、瞑想の基礎を固めていきます。この先も旅を続けるためには、ここで土台を築かなければなりません。では、始めましょう。

瞑想の始め方

1．瞑想場所を選ぶ

できれば、毎日同じ場所で瞑想を行うことをお勧めします。エネルギーは時間とともに蓄積されるものだからです。同じ場所で瞑想を繰り返すことで、「〝隙間〟に入る時間だ」というシグナルが脳と身体に送られるようになります。

瞑想場所はどこでもかまいません。ベッドルームでも、リビングでも、なんならクローゼットのなかでも大丈夫です。また、瞑想用の椅子やクッションを用意するのもいいでしょう。私の場合は、自分のベッドルームの隅のほうに祭壇と瞑想場所を設けています。夜、子どもたちを寝かしつけたあとに、そこで瞑想を行うのです。でも朝は、日がのぼるころ（あるいはそれより前）に子どもたちが私のベッドに入ってくるので、夜と同じようにはいきません。子どもたちと一緒にベッドの上に座って、授乳をしたり遊びにつき合ったりしながら瞑想せざるをえないのです。

こうした瞑想の仕方は理想的とは言えませんが、いまだけだと思って我慢しています。私が伝えたいのは、忙しい日々のまっただ中においても瞑想を続けてほしいということです。たとえ完璧でなくても、一貫性をもって続ければ、着実に前に進んでいけます。そして、いずれすばらしい結果につながるのです。

2．正しい姿勢をとる

「背骨を曲げたまま瞑想しようとするのは、曲がった矢を射ようとするのと同じです」とヨガナンダは言いました。瞑想において、姿勢はとても重要です。背骨と脳のエネルギーを扱う以上、細かい部分にまで気を配らなくてはなりません。気をつけるべきポイントをいくつか紹介します。

座り方は、「まっすぐな椅子に座る」「床の上であぐらをかく」のどちらかにしましょう。後者を選ぶ場合は、クッションを置いてお尻の位置を少し高くすると、長時間座っていても身体に負担がかかりません。

背筋を伸ばして、腰の真上に肩がくるようにします。また、あごは床と平行にすることを意識してください（スマートフォンを使っている人は、無意識のうちに首を前に出す傾向があります。気をつけましょう）。

椅子に座る場合は、背もたれに寄りかからないようにしてください。背もたれに背中を預けると、背骨を「磁化」するためのエネルギーが抑制されてしまいます。正しい姿勢をとったら、軽く頭を振ったり、肩を回したり、腰を動かしたりして、微調整をしましょう。それから、身体を解放します。安定感がありながらもリラックスできる状態を目指しましょう。そういう姿勢をとれば、身体の存在を忘れて瞑想に集中できるはずです。

3．明確な意志をもって瞑想を始める

何事においても、意図をもつことは大切です。瞑想も例外ではありません。手のひらを合わせ、自分の意図を心のなかで唱えましょう。あなたの気持ちを表していれば、シンプルなものでも複雑なものでもかまいません。たとえば、次のようなものでいいのです。

・私は愛にあふれています。
・私は私であり、ほかの誰でもありません。
・私は冷静で、集中しています。
・私は真の自己です。

呼吸のための準備
――パラマハンサ・ヨガナンダの言葉[2]

先ほど述べたような瞑想の姿勢を確立したら、次は肺に溜まった二酸化炭素を排出します。この二酸化炭素こそが、私たちの落ち着きを失わせる要因なのです。

「ハアーッ、ハアッ」と、2回続けて口から息を吐き出します（声を出すのではなく、息を吐き出すだけです）。

口から吐き出したら、今度は鼻から深く息を吸い込み、そのまま全身をこわばらせて6秒数えます。

口から息を吐き出します。「ハアーッ、ハアッ」と2回続けて吐き出したら、全身の力を抜きましょう。

これを3回繰り返します。

4．〝隙間〟に注意を向けながら呼吸する

これまでのエクササイズで、ある程度の基礎は固まりました。いよいよ具体的な練習に入ります。まず静かに座って、自分の呼吸をじっと感じましょう。この練習には、5分から10分ほどかけるのが理想的です。ここで、注意すべき点をいくつか挙げておきます。

第4章に書いたように、呼吸をするときは〝隙間〟に注意を払いましょう。〝隙間〟とは、息を吸うときと吐くときのあいだに一瞬だけ呼吸が止まる時間のことです。意識的に呼吸をすると、自然にペースが遅くなり、〝隙間〟が広がっていきます。呼吸のパターンを無理に変えたり、回数を数えたりしてはいけません。ただ静かに、ありのままに感じてください。

5．感謝の気持ちとともに練習を終える

練習を終えたら、胸の前で手を合わせて祈りの姿勢をとります。呼吸に、練習に、そして心のなかにわき上がるすべての感情に感謝の気持ちを捧げましょう。お祈りの言葉を唱えてもいいでしょう。

このあとの章では、今回紹介した練習をさらに発展させていきます。ヨガナンダは、「毎日、瞑想を行い、真の自己と調和する時間をとるようにしなさい」と言いました。大事なのは、一貫性をもつことです。ぜひ、瞑想を日課にしてください。

さらなる実践的なアドバイス

1. 気が散るのを避けるために、携帯電話はスイッチを切るか機内モードにしましょう。
2. 瞑想は空腹のときに行いましょう。
3. 朝は最低でも10分間は瞑想を行うようにしましょう。起きて携帯を見たり、朝食をとったり、電話をかけたりする前に行うのが理想です。もちろん、時間がある人は、10分以上かけてかまいません。長ければ長いほど効果が現れます。
4. できれば夜も、夕食の前か寝る前の時間を使って、10分以上は瞑想を行いましょう(朝と同じく、長ければ長いほど効果的です)。10分は無理だという人は、もっと短くてもかまいません。続けることが大切です。

5. 瞑想中に雑念が入り込んできてもイライラしないよう気をつけましょう。練習を重ねるにつれて、心の動きがゆっくりになり、思考と思考のあいだの〝隙間〟が大きくなっていきます。心の動きをコントロールするためには訓練が必要です。そもそも、簡単にコントロールできるなら、これまでの人生に苦労なんてなかったはずです。心とは、気性の荒い馬のようなものです。辛抱強く調教して、飼い慣らさなければなりません。心の軸がぶれたときは（最初のうちは何度もぶれることでしょう）、呼吸に集中して、元の位置に戻しましょう。

Part 2

「創造」する力を手に入れる

第8章

あなたは平静

私たちの存在の中心、すなわち
平静な状態に戻りましょう

パラマハンサ・ヨガナンダ[1]

人生の竜巻のなかで

私はときどき、自分の注意力は5歳の子どもと同じぐらいだと思うことがあります。ある方向に駆けていってその場を散らかして、片付ける前に別の方向に走っていく、ということを繰り返しているからです。たとえば、メールを半分ほど書いたところで、息子のエマーソンがスムージーをこぼしたことに気づき、片付けようと立ち上がった瞬間に赤ん坊のモーゼズが泣き出します。私はモーゼズを抱きかかえて身体を揺らし、泣き止むのをひたすら待ちます（私はこれを「ママのダンス」と呼んでいます）。身体を揺らしている最中に、ポッドキャストのゲスト候補の件で、チームの誰かにメールを書いている途中だったと思い出します。でも、パソコンの前に戻ったときには、メールに何を書くつもりだったかを忘れているのです。

現代人の多くは、多忙で無秩序な日々を送っています。私たちは、休む間もなく流れ出るエネルギーのかたまりのようなものです。誰もが混乱し、不安を抱えていますが、それでも自分の責任を放棄するわけにはいきません。だからこそ、社会はストレスで満ちているのです。私の場合、ストレスが溜まると、誰かと口論になることが増えます。溜まったストレスはどこかに吐き出さなければならないので、なんの罪もない第三者（悲しいことに、たいていは愛する人たち）にぶつけてしまうのです。そして、気持ちが落ち着いたら今度は罪悪感にさいなまれ、立ち直るために多くのエネルギーを消費することになります。ここ数年はそういうことも減ってきましたが、やはりときどき、自分の内側で生まれた混乱が外に出てきてしまうことがあります。

しかし、人の心には、静けさと落ち着きを取り戻す能力が備わっています。ヨガナンダは、静かで落ち着いた状態を「平静」と呼び、平静を取り戻し、神経系を健康かつ安定した状態に保つことの重要性を説きました。神経系こそが、私たちの肉体と外の世界をつなぐ架け橋だからです。

神経系は、私たちの身体のさまざまな面を維持しています。ホルモンをコントロールする内分泌系の調節を助けたり、生体の恒常性（バランス）を維持したりするのも神経系の役割です。私たちの身体と心は、体調や外部の環境の変化に耐えられるようになっていますが、つねに元の穏やかな状態に戻ろうとします。マラソンを走りきったあと、心臓の鼓動が驚くほど速まっていても、30分も経てば元に戻るのはそのためです。

現在、ストレスが身体に及ぼす悪影響について書かれた論文は数えきれないほどあります。ストレスは、心拍数や消化機能に直接影響を与えることもあれば、病気や体内の異常を引き起こす要因を誘発することもあります。[2]

さらに、精神状態を悪化させ、うつ病や不安症をもたらす場合もあるのです。[3] 研究者たちはストレスを「現在、間接的に最も多くの人を死に追いやっている病」と呼んでいますが、けっして大げさではありません。[4]

ヨガナンダは、穏やかな湖を例に挙げて説明しています。水が澄んでいて、鏡のようにすべてを反射する湖です。でも、どれだけ穏やかな湖であっても、石を投げ込むと、全体にぎざぎざした波紋が広がります。湖面に映っていた月はゆがみ、見えなくなります。曇りのない鏡のように思えた湖は、粉々に砕けたガラスのようになってしまいます。

ヨガナンダのたとえのなかでは、月は「真の自己」の大いなる力を表しています。湖、すなわち心が穏やかなら、真の自己はありのままの姿で輝くことができます。感情が落ち着いているときは、目の前のささいなトラブルの向こう側を見渡せます。平静を保つことで、自分の内なる声や直観に耳を傾けられるのです。

あなたはこれまで、アイデアが「降ってきた」ような感覚を経験したことはありますか？　私はそれを「ダウンロード」と呼んでいます。瞑想を繰り返し、心の平穏を感じることが増えれば、「ダウンロード」を経験することも多くなります。ヨガナンダは言いました。

「平静は、あなたの魂というラジオを通じて神が語る声です[5]**」**

自分という存在の中心にいれば神の声を聞くことができますが、混乱に満ちた生活を送っていては何も聞こえません。あなたの魂が送ったサインにも、あなたの身体が発したメッセージにも気づけないまま、より多くの間違いを犯すようになります。ものごとが悪い方向に進み、効率が落ち、貴重な機会を逃し、誤った判断を下すことが増えるのです。最高の人生を送りたいのなら、自分の道を自分でふさぐのをやめましょう。そのためには、平静、すなわち心の平和を発展させることが必要です。

心の平穏が人生にもたらすもの

・エネルギーを節約できる（エネルギーを消耗し、老いを感じることがなくなる）
・すばらしいアイデアや解決策が浮かぶ
・感情的に反応する（そしてあとで後悔する）のではなく、一呼吸置いてから反

応できる
・安定した気持ちで1日を過ごせる
・優柔不断になることなく、はっきりと決断を下せる
・あらゆることがスピーディかつ効率的になる

回転するタイヤの中心を想像してください。車が走っているとき、エネルギーはタイヤのまわりへと放射状に広がります。でも、激しく動いている外側から内側に向かって移動すると、やがて完全に静止した部分にたどり着きます。タイヤの中心には静寂があるのです。世界は今日も、ものすごい速さで回っているかもしれません。でも、あなたの内側には、驚くような力が秘められた中心点があります。そして、その中心点こそが、真の自己につながる奇跡の道なのです。

決断を下すための別の方法

自分の内なる声に従って生きはじめると、意思決定の仕方がすっかり変わります。外部からの情報ではなく、自分の内側に目を向けて、明快な答えを導き出すようになるので

す。内なる空間には矛盾や混乱はなく、平穏が満ちています。その空間で、私たちはみずからの力の源泉、すなわち真の自己の力を活用し、意思決定の能力を高めることができるのです。

私自身、内なる平穏のおかげで人間関係の悩みから解放されました。かつての私は、恋愛において失敗ばかりしていました。異性と仲良くなっても、「この人と一緒にいるのが本当に正しいのだろうか」という不安と疑いを抱いてしまい、結果的にうまくいかないというパターンを繰り返していたのです。そんな状況から抜け出すために、本気で好きではない男性とデートしてみたり、自分好みに「教育」できる相手を求めたりしたこともあります。いま思えば、間違いもいいところです。

いまの夫のジョンと出会ったのは、私が精神的にだいぶ落ち着いていた時期のことです。ジョンは、私がそれまでにデートした男性とはまったく違うタイプで、テディベアと総合格闘技選手を足して2で割ったような風貌でした。心の平穏を得る前の私だったら、一目見ただけで「この人はナシ」と判断していたでしょう。結婚する可能性なんて1％もなかったはずです。また、ジョンの身体は、首から下がタトゥーだらけでした（私はタトゥーを入れていません）。しかも、ウエイトリフティングとバイクと総合格闘技に熱中していて、初めて会った日は自前の高級グリルで牛肉の燻製（くんせい）をつくっていました。しかも、歯に金色のアクセサリーがついているのも見えました。何から何まで、私の好みではありません。外見や趣味に関して、ジョンは私が思い描いていた「理想の男性」からは程遠い人でした。

でも、私はそういう表面的な部分を無視することにしました。それまでずっと、外見を何よりも重視して男性を選んできましたが、結果的にすべて失敗に終わったからです。後日、ふたたびジョンに会ったとき、私は最初に会ったときとは違う角度から彼のことを眺めました。すると、ほんの数分話しただけで、彼の強烈なエネルギーと広い心を感じとることができました。私は、自分の心の奥深くにある中心点が、彼の心のそれとつながっていることに気がつきました。それは、目で見えるつながりではありません。たぶん、私とジョンが一緒にいるところを見た人は、最初は意外な組み合わせだと驚くことでしょう。でも、私の中心にある「平静」は、ジョンこそが運命の相手だと教えてくれました。内なる私、すなわち真の自己は、何が正解かを知っていたのです。

あなたも私と同じように「知る」経験をしたことがあるはずです。落ち着きを失った状態で何かを決断したときのことを思い出してください。そして反対に、心から落ち着いた状態で、自分の心の奥に目を向けながら決断を下したときのことを思い出してください。そのふたつの決断は、どのように違いましたか？

心を落ち着ける練習

日常の混乱のなかで平穏な時間を手に入れる方法は、呼吸に集中し、自分の内部に入り込むことです。その気になればいつでも、自分の力だけで、日々の喧騒から離れ、現実世界とのつながりを断ち切り、自分の内側に意識を向けられるのです。あなたには、自分のための聖域になる力が備わっています。スキューバダイビングをイメージするとわかりやすいかもしれません。あなたは装備を身につけてボートから海に飛び込みます。海は荒れていて、絶え間なく波が押し寄せてきますが、ベストに充満した空気のおかげで沈むことはありません。でも、空気を抜くと、身体は水のなかに沈んでいきます。海面が遠ざかり、静寂に包まれていきます。

仕事や子育てに追われている人は、瞑想の時間を確保するのがむずかしいかもしれません。でも、これから紹介する「心を落ち着ける練習」は、たった1分しかかかりません。たとえ外出中であっても、トイレや車のなかでできるはずです。ぜひ、あなたの生活に適したかたちで取り入れてみてください。心の平穏がもたらす身体的、精神的なメリットをあなどってはいけません。

呼吸は、心の平穏をつなぎとめる錨(いかり)のようなものです。ヨガナンダも、呼吸は身体の感覚を超越し、落ち着かない思考を鎮めるものだと述べています。先ほども書いたように、日常がどれほど混乱に満ちていようと、呼吸に集中すれば心の平穏を手に入れられるのです。パートナーに腹が立っているとき、請求書の心配をしているとき、あるいは延々と続くニュースに気持ちを乱されてしまったときは、次の練習を行ってみてください。

1. ひとりになれる静かな場所を見つけましょう。60秒から90秒ほどひとりになれるなら、どこでもかまいません（先ほども書いたように、トイレでもいいのです）。できれば座れる場所をお勧めしますが、むずかしければ立ったままでも大丈夫です。

2. 目を閉じ、片手をお腹に、もう片方の手を心臓に当てます。そして、まずは自分の状態を確かめてください。心臓の鼓動は速くないか、呼吸が浅くないかといったことに注意を払いましょう。何かに気づいたとしても、変えようとしてはいけません。ただ、ありのままに感じてください。

3. 次に、両手をお腹に当てます。自分のお腹を風船だと思ってください。そして、お腹の中心を意識しながら6秒かけて息を吸い込み、風船を膨らませましょう。お腹に当てている手が持ち上がったら、きちんと息を吸い込めている証拠です。

4. 今度は6秒かけて息を吐き出しましょう。お腹がしぼんだ風船のようになるはずです。

5. ここまでの動きを、最低でも6回繰り返しましょう。回数が多ければ多いほど効果があります。

6. 終わったら、両手を心臓の上に置いて、「私はいま安らかな気持ちです」と断言します。そして、その言葉を噛みしめながら、エネルギーが自分のなかを流れているのを感じましょう。このとき、最低でも10秒ほど、じっと休んでください。

7. ほかの練習のときと同じように、両手を合わせて祈りましょう。そして、この練習で得たすべてのものに感謝してください。

神経症を治す

ヨガナンダは、**「神経症は文明がもたらした病である」**と何度も述べています。現代社会には不安がはびこっているとよく言われますが、数十年前にはすでに、神経症が問題視されていたということです。うるさくて、不規則で、くだらなくて、集中力を削ぐような外界の刺激に絶えず反応し、神経に負担をかけているせいで、私たちはすっかり消耗しています。外の世界に気をとられすぎると、エネルギーは何度も変化し、気が休まる暇がなくなります。心の湖に、毎日欠かさず小石が放り込まれるようなものです。

そのような状態では、交感神経の活動が過剰になり、副腎にシグナルが送られ、身体が闘争・逃走モードに入り、コルチゾールなどのストレスホルモンが分泌されます。どれも、通常の休息状態では見られない活動なので、身体はバランスを崩し、さまざまな異常に見舞われることになります。不安も、混乱も、落ち着きのなさも、あなたが悟りの道から外れていることを示すサインなのです。

反対に、落ち着きを保っていれば、エネルギーを背骨のなかにある中枢神経に戻すことができます。エネルギーが電気回路のように循環していれば、もう枯渇したり消耗したりすることはありません。そして蓄積されたエネルギーは、あなたを活発にするだけでなく、すばらしい解決策やアイデアを生み出すために使われるのです。私たちは、みずからのエネルギーを飼い慣らし、正しい方向に導かなければなりません。心を落ち着ければ落ち着けるほど、外部のものごとに動揺することが減っていきます。ポジティブなことがあっても、ネガティブなことがあっても、すぐに心を鎮められるようになるのです。

あらゆるものごとは、最も安定した場所を中心に動いています。そこは、すべての力が集まった非常に強力な場所であり、あらゆることを可能にする潜在能力が秘められています。

太陽があらゆる方向に光と熱を放つように、あなたの中心にある平穏な場所からは、真の自己のエネルギーが放たれます。

あなたも、太陽のように輝きましょう。

実践的なアドバイス—— 内なる平穏にアクセスする

1.「心の平穏を手に入れる」と心のなかで宣言する

あたりまえのことに思えるかもしれませんが、強い意志をもつことは何よりも大切です。だから、自分の人生に何をもたらしたいかを明確にしましょう。まずは、ヨガナンダが言うように、**「何が起きても穏やかな気持ちでいること」**を心に誓い、自分の中心に意識を向けてください。「何が起きても」と書きましたが、あまり深刻に考えなくて大丈夫です。ここでは、子どもが朝の4時に泣き出したとか、コンピュータウイルスのせいでメールが消えてしまったといった、日常的なトラブルを指しています。私自身、こうしたトラブルにはしょっちゅう心を乱されていますが、それでも少しずつ前に進んでいます。大事なのは、自分の意志に従うことです。いま、ここで、心の平穏を手に入れると宣言しましょう。「平穏であれ」というマントラを繰り返し唱えるのもおすすめです。

2．自分の中心にとどまり、流れに身を任せる

スピリチュアルな意味での「信頼」とは、「いまこの瞬間、やれるだけのことをやれば、人生は正しい方向に展開していく」と信じることです。ブッダは、過去と未来に悩まされないための唯一の方法は、結果に執着することなく、いまを精一杯生きることだと説きました。人生は絶え間なく変化していきますが、いまこの瞬間に集中して生きれば、何が起きても自由を感じていられます。信頼は、「こう

なってほしい」「こうでなければならない」といった執着を捨て去るのに役立ちます。あなたの力の源である「現在」を精一杯生きましょう。

3．心が落ち着いているとき、どんな力を感じるかに注目する

私たちは、自分が何を感じているのかを自覚しないまま1日を過ごすことがあります。ひとまず、今日一日は、自分の身体に注意を払い、いま何を感じているかをつねに意識してみましょう。たとえば、渋滞に巻き込まれて鼓動が速まったり、上司とのミーティングの前に緊張して肩が凝ったりするかもしれません。すべてを紙に書いて記録する必要はありませんが、注意を払うことを徹底してください。食べたものの感想を言うように、感じたことを明確に言葉にしましょう。それから、気持ちが落ち着いているときの身体の状態にも注意してください。目標は、1日を通じて、自分の心と身体がどのように変化しているかをもっと理解することです。

4．思いやりをもって話す

ヨガナンダはこう述べています。

「神経症のもうひとつの主要な原因は、思いやりをもたずに話すことです。だから、悪口を言ったり、人の意見を否定したりしてはいけません」[6]

日常のさまざまな出来事に追われていると、自分の中心に意識を向けることがむずかしくなります。

大切なのは、ものごとを深刻にとらえすぎないことと、他人の言動にあまり口出しをしないことです。このふたつも、注意力とエネルギーを消耗させる原因だからです。ゴシップ紙、低俗なニュースサイト、ネガティブな会話を生活から取り除くだけで、驚くほど気分がよくなります。思いやりは、自分の中心を感じるための美しい資質だと覚えておきましょう。

5．メディアやソーシャルメディアに触れる時間を制限する

メディアやソーシャルメディアに触れる時間をはっきりと定めましょう。朝の8時から8時半まででも、昼の12時から12時半まででも、夜の6時から7時までても、あなたの都合のいい時間でかまいません。重要なのは、時間を定めたら、それ以外の時間はぜったいにソーシャルメディアの投稿を視界に入れないということです。そうすれば、他人が何をしているかを気にせずに、自分の内側に入り込

むための時間をつくれます。もちろん、他者とつながるのは大切なことですが、もっと計画的につながりましょう。必要に応じて外部の情報を得ながら、心を落ち着かせ、自分の軸を保つことを心がけてください。

6．スケジュールに余裕をもたせる

1日にいくつもの予定を詰め込んで、朝から晩まで忙しくしていては、心を落ち着かせることなどできません。むしろ、多くの不安を抱え込むことになるでしょう。皮肉なことですが、予定を減らせば減らすほど生産性は上がります。ひとつひとつのタスクにじゅうぶんなエネルギーを注げるうえ、タスクとタスクのあいだの〝隙間〟があなたを自分の中心に引き戻してくれるからです。

私たちは日々、そういう状況を経験しています。たとえば、ミーティングに遅刻しそうなときに、車の鍵が見当たらなかったらどうしましょう。あなたは少しパニックになりながら、キッチンやダイニングやベッドルームを探しまわりますが、鍵はどこにもありません。あなたはますます焦って、同じ場所をもう一度探してみますが、やはり見つかりません。

最終的に、あなたは立ち止まり、深呼吸をしてから、短い祈りを捧げます。

「どうか鍵を見つけてください」

すると、あなたのなかにある何かが、鍵はポケットのなかに入っていると教えてくれます。たしかに、ポケットに手を入れると鍵がありました。つまり、あなたが探していたものは、一瞬の平穏のなかにあったのです。

第9章

あなたは自信

あなたは、新しく何かを身につける必要はありません。すでに望むものをもっているからです。魂の高貴さは、最初からあなたのなかにあります。妄想という泥に覆われているせいで、はっきり見えないだけです。必要なのは、その泥を削ぎ落とすことなのです

パラマハンサ・ヨガナンダ[1]

ふたつの自信

自信とは、美しい光を放ち、遠くにいる人の目さえも惹きつける資質です。だから、自信に満ちた人は、歩いているだけで周囲の注目を集めます。

でも実は、自信にはふたつの種類があります。そのふたつは、一見同じものに思えますが、まったくの別物です。一方は、少し疑いの目を向けただけで崩れ去ってしまい、もう一方は眺めれば眺めるほど強く輝きます。後者こそ「本物の自信」ですが、残念ながらもっている人はめったにいません。

あなたはいま、何かのきっかけで粉々に砕かれてしまうような自信ではなく、持続する自信をもちたいと思っているはずです。

安心してください。この章では、ささいなことでは壊れない、本物の自信を培う方法をお伝えします。

偽りの自信

まず、表面的な自信とはどういうものかを知りましょう。表面的な自信とは、物質主義に裏打ちされた自信です。地位や財産、家やクルーザーや車や宝石、容姿やスタイルや知性といったものに根ざした自信のことです。一応言っておくと、物質主義は必ずしも悪いものではありません。何かを所有することは、安心感を得るための効果的な手段だからです。でも、物質的なものに過度な信頼を寄せ、それらを自分の価値だと思ってしまうのは問題です。

たとえば、裕福なビジネスパーソンを思い浮かべてください。日替わりで高級時計を身につけて、毎週のように違う相手とデートしているタイプです。あるいは、まわりを見下すような笑みを浮かべたスタイル抜群の女性や、大学を中退して会社を立ち上げた若手起業家でもかまいません。みんな自信に満ちあふれているように見えますが、彼らの自信の裏には強い不安が隠れています。

目に見えるもの、所有できるもの、数値化できるものは、絶えず変化していきます。物質的なものの価値には限界があるので、それらに基づいた自信にも限界があります。さらに、表面的な部分を見て何かを判断するという行為は、実はエゴによって行われているのです。ヨガナンダはこう説いています。

「魂とは、内なるスピリットが具現化した、本当の自分自身のことです。一方で、エゴとは偽物の自分です。表面的な肉体と精神に縛られ、二元的な世界にしか反応できないものなのです[2]**」**

自分の本質とエゴを同一視していると、必ず限界にぶつかります。プライドの高いビジネスパーソンの場合、投資で失敗したり、市場が急激に変化したりしたら自信を失うかもしれません。外見だけに自信をもっている美しい女性は、年齢を重ねて見た目が変わったら、自己肯定感を保てなくなるでしょう。若手起業家も、競合他社に負けて株価が下がったとたんにすっかり勢いがなくなるはずです。

能力や知性といった資質でさえ、本当の意味での自信の源にはなりえません。資産であれ、売上高であれ、ソーシャルメディアのフォロワー数であれ、学歴であれ、発表した論文の数であれ、役職であれ、自分より上の人は必ずどこかにいるからです。

もしあなたがエゴを頼りにしていたら、本当の意味での自信を手にすることはできません。待っているのは不安だけです。不安は苦しみにつながります。苦しい思いをしたい人なんて、どこにもいないに決まっています。

本物の自信

本物の自信は、外部とのつながりからではなく、真の自己とのつながりから生まれるものです。外見をよくしたり、お金を稼いだり、スキルを向上させたりするために努力することが無駄だとは言いません。私たちには肉体があり、経済的、社会的な問題に対処する必要があるので、スピリチュアルな話だけをして生きていくことはできないからです。でも、外的なもの、物質的なものを必要以上に求めるのをやめて、真の自己ともっと深くつながることはできます。そうすることで、本物の自信がつき、本物の自由を手に入れられるのです。

本物の自信をもつためには「体現」することが必要です。体現と聞いてもぴんとこない人もいるかもしれないので、ここではっきりと定義しておきます。体現とは、「自分の内側にある数々の美点にかたちを与えること」です。そうした美点は、過去の傷、誤解、痛みといったさまざまなガラクタのなかに埋もれています。

心に蓄積されたガラクタや傷は、言葉たくみにあなたをだまし、みずから進んで自分の価値をおとしめるよう仕向けます。たとえば、あなたは自分に「社長」「ユーチューバー」「4人の子どもを育てている母親」といったレッテルを貼っているかもしれませんが、どれもあなたの本当の姿ではありません。あなたは、そういうレッテルを超越した「真の自己」そのものであり、本質的に神聖な存在だからです。

だからまずは、真の自己に備わるすばらしい資質を受け入れましょう。それこそが「体現」するということです。ほとんどの人は、真の自己の資質を発揮するのではなく、卑しさ、子どもっぽさ、ずるさといった世俗的な性質に支配されています。自分が特別な存在だという事実を忘れてしまった人もいれば、まわりの人や環境のせいで最初から気づけなかったという人もいるでしょう。

本物の自分になる

真の自己を体現すれば、他人が見ているかどうかにかかわらず、あらゆる状況ですばらしい資質を発揮できるようになります。やがて、外の世界から見た自分の姿と、自分だけが知っている自分の姿を隔てる壁は消え去るでしょう。また、いわゆる「詐欺師症候群」に苦しむこともなくなります。詐欺師症候群とは、「自分の本当の姿がみんなにばれてしまうのではないか」という強い不安にさいなまれることです。実は、多くの人がこのような心理状態を経験しています。自信満々に見える人も、心の奥では「自分は完璧な成功者ではない」と自覚しているのです。

ここまで読んで、「自分のことだ」と思った人もいることでしょう。あなたがこの本を手に取ったのは偶然ではありません。あなたには、先に進む準備ができています。真の自己を体現し、分裂した心をひとつに統合して、なりたい自分になる準備ができているのです。この本で紹介する瞑想法と練習に取り組み、自分を磨いてください。いずれ、嘘や虚勢を捨て去れるはずです。

信念、真実、言葉、行動を分断する溝が埋まったとき、あなたは真の自己を体現し、本当の意味での自信をもてるようになります。本物の自信と偽りの自信の違いは、「謙虚さ」と「思いやり」があるかどうかです。高慢な人、嫌味な人、虚勢を張っている人は、傷ついたエゴを偽りの自信で覆い隠しているのが一目瞭然です。反対に、謙虚な人は、魅力とエネルギーに満ちていると見なされるでしょう。聖書にもあるように、「先にいる者は後になり、後にいる者が先になる」ということです。謙虚さを受け入れたとき、あなたは神聖な資質を継承できるのです。

真の自己とつながった瞬間、表面的な自信にしがみつく必要はなくなります。あなたを照らす光は、表面的なものとは関係ない場所を通っていると気づくからです。自分と他人を比べて一喜一憂することもなくなるでしょう。あなたのなかには本物の自信が根づいています。それは、けっして揺らぐことのない力の源となり、あなたが行うすべてのことを強化するのです。

あなたはもう、自分に価値なんてあるのかと疑ったり、キラキラしたイベントやパーティーで劣等感を抱いたりする必要はありません。あなたは、あなたであるために存在しているのです。ヨガナンダは、このことについて次のように説いています。

「自分とうまく付き合うのは、この世界で生きていくうえで最も重要なことです。だからまずは、自分を評価し、愛するすべを学ばなければなりません」[3]

真実の出現

貯金がほとんどなくても、まわりが結婚して出産していくなかで自分だけ独身でも、自分に自信をもてたことが一度もなかったとしても、本物の自信を手に入れることはできます。自信をもつために、外部のものごとを変える必要などありません。だから、まずは外側に目を向けるのをやめることから始めましょう。

自分の外側にあるものは、内側のエネルギーに一致するように変化しながら、あなたの自信を強化していきます。外側の変化はいつでも、内側の動きから始まるのです。まず、偽りの自信を追い求めるのをやめましょう。すると、あなたの内側で大きなエネルギーが解放されます。それにともなって外側の世界が変化し、あなたの自信はより強固なものになっていくのです。

かつて、バックパッカーとしての長い旅を終えた私は、アメリカに戻り、ニューヨークの狭いアパートで暮らしはじめました。収納式ベッドの端のほうに座り、ヨガナンダの教えについて学んだり、瞑想したりしたのを覚えています。そんな生活に入ってすぐに、重要なことに気がつきました。ヨガナンダの教えに従うと、自分のなかにある創造性とエネルギーが引き出されるのです。そのことに気づいてから、私は自分のアイデンティティを「大きなもの」に託すようになり、自分を小さな存在だとは思わなくなりました。私のもつエネルギーは完全に変化し、自信をもって自分の知識を発信できるようになったのです。そして、「願望の実現（マニフェステーション）」が起きはじめました。望むだけで、必要なぶんのお金が手に入りました。私が求めている人たちが目の前に現れ、新しい機会を与えてくれました。おかげで私は本を書くようになり、書いた本がきっかけとなって全国放送のテレビ番組に出演したのです。

内なる光と一体になれば、あなたにも同じことが起こります。閉ざされていると思っていた扉が開き、不可能だと思っていたことが現実になるのです。そのときあなたは、ヨガナンダの次の言葉が人生の真実だと理解するでしょう。

「人はみな、無限の力を具象化した存在です」[4]

ヨガナンダがアメリカにやってきたのは1920年代のことです。浅黒い肌をもち、インドの伝統的な袈裟(けさ)をまとったヨガナンダは、当時のアメリカ人からしたら奇妙な存在でした。あらゆる偏見の目を向けられたことは想像にかたくありません。さらに、「ワンネス」や「宇宙の意志」といった彼の思想を脅威に思う人たちからの反発もありました。しかし、そうした抵抗に遭いながらも、ヨガナンダは焦りや不安にのまれることなく、みずからの教えを広めつづけました。ヨガナンダは、自分がスピリットによってつくられた固有の存在だと知っていました。自分という存在の源泉とつながっていたからこそ、彼は確固たる自信をもってふるまえたのです。自分が何者かを知り、揺るぎない信念をもつことは誰にでもできます。それこそが、誰もが目指すべき境地なのです。「真の自己」に触れると、私たちには自信と不屈の精神が備わります。どちらも、誰かに利用されたり奪われたりすることのない、自分だけに与えられる特権です。

あなたは今すぐ変われる

その気になれば、あなたは今日、この瞬間から変わることができます。重要なのは、あなたが変われば周囲にもよい影響が及ぼされるという点です。まわりの人たちは、あなたが自分自身と深くつながっていることと、それによって確固たる自信を手にしていることに気づくでしょう。自己変革を通じて他者によい影響を及ぼすことは、何よりもすばらしい奉仕だと言えます。自分の本当の姿を知り、自分の本質を理解し、人生をよりよいものにする権利は、私たち全員に与えられているのです。

モーセが神の名を尋ねたとき、全能なる神は「ハムサー（私は私である）」と答えたと言われています。謎めいた答えに思えますが、実はこれこそが真理なのです。

本当の自分とつながりはじめると、自分の本質がなんなのかを言葉で表せなくなります。私たちの本質は、自分の内側でのみ感じられる特殊なエネルギーだからです。第19章では、あなたの本質が現実の世界にどのような影響を及ぼし、行動や創造性にどのような影響を与え、どのように潜在能力を引き出すかを詳しく見ていきます。ひとまず、あなたの本当の自信は「あなたがあなたであること」から生まれるものだと覚えておいてください。単純なことですが、単純さと簡単さは別物です。だからこそ本書では、シンプルなことを力強く、美しく、優雅に、正当に実践する方法を紹介しているのです。

最初に本質があり、その本質があなたという存在を形づくります。この章の冒頭で引用したヨガナンダの言葉のとおり、**本質的な美しさとは「獲得」するものではありません。あなたが探している黄金は、すでにあなたのなかにあるのです。そして、その黄金こそがあなた自身なのです。あなたはあなたであり、あなたでしかありません。そしてあなたは、本当にすばらしい存在なのです。**

本物の自信を得るための呼吸法

私たちは、真の自己とつながるための「リマインダー」を必要としています。自分以外で唯一独身だった友人が結婚したり、自分にはまねできないような豪華絢爛なリトリート［内省のため違う場所で過ごすこと］の写真がソーシャルメディアに投稿されたり、同僚が自分より先に昇進したりすると、私たちは真の自己とのつながりを失う可能性があります。

そういう状況下で、自信は自分の内側から生まれるものだと覚えておくのは簡単なことではありません。テクノロジーによって、他人の体験がつねに目の前に並べられる現代においてはなおさらです。他人と自分を比べるのは簡単ですが、それは百害あって一利なしです。そんなことをしている暇があるなら、自分自身にもっと注意を払いましょう。

とはいえ、私たちは往々にして、外部のものごとに気をとられてしまいます。そこで、自分に自信をもつための簡単な呼吸法を紹介します。

1. 静かな場所と、座り心地のいい椅子を用意しましょう。そして、第7章で学んだように、背筋をしっかり伸ばして座ります。

2. 心のなかで「私は私です」というマントラを唱えます。まず息を吸って「私は」と言い、息を吐いて「私です」と言いましょう。あなたはあなたであり、あなた以外の何者でもないということを確認するのです。あなたの自信は、「自分は世界にひとつしかない創造物であり、独自に呼吸をする存在である」という認識から生まれます。それがすべてです。

3. 少なくとも8～10回はこれを繰り返します。雑念が消え、意識が自分の内側に向くまで続けましょう。

4. 意識が内側に向いたのを確認したら、今度はマントラを唱えずに深呼吸をします。心が完全に鎮まったら、感謝の気持ちをもってエクササイズを終えます。

あなたは比べられない存在

「ヒシュタヴート」という言葉があります。これはヘブライ語で「平静」を意味し、外部からの賞賛や軽蔑の言葉に影響されないことを表しています。**本物の自信を手にした人は、他人からどう思われているかを気にしなくなります。それはすなわち、自由を手にすることにほかなりません。**

もしあなたが、自分の真実に従って行動している（ヨギが言うところの「正しい行動」をとっている）と自覚しているのなら、それは「自分が何を知っているかを知っている」

ということです。あなたの自信は、外部のものごとのせいで揺らいだりはしません。あなたはあなたであり、誰にもそれを崩すことはできないのです。

自分と人をけっして比べない

他人と自分を比較することはぜったいにやめましょう。第一に、誰かと比べてしまうのは、エゴに支配されている証拠だからです。オークとアカマツとセコイアのなかでどれがいちばんいい木かを決めるようなものです。私の庭にはこれらの3本の木が生えていますが、眺めていると、自然界には比較という概念がないとわかります。それぞれに独自のよさがあり、どれが特別すぐれているということはないのです。

第二に、比べるという行為は、危険に満ちた二元性の世界にいざなうものだからです。二元性は「ワンネス」の対義語であり、「あなたと私は異なる存在であり、互いに対立している」という感覚のことです。この感覚は分断をもたらします。他者とのつながりを感じるのではなく、他者と自分を比べ、違う部分にだけ注目するようになります。そうなると、最終的に待ち受けるのは競争と対立だけです。もはや、一体感や内なる光を感じながら過ごすことはできません。つねに他人の言動を気にし、周囲を出し抜くことと、他人に

「勝つ」ことしか考えられなくなるのです。

「分裂」に身を任せても、本物の自信を手にすることはできません。あらゆるものに幻滅し、まわりの人たちとのあいだに溝が生まれるだけです。ヨガナンダはこう言いました。

「あなたは肩書きによってみずからを定義しています。肩書きはどれも、あなたの肉体と、いずれ滅びる役割に対して与えられたものです。（中略）あなたがしなければならないのは、肩書きを魂から引き剥がすことです」[5]

私は、競争に関連するすべてのものを認めないと言っているわけではありません。世界にはたしかに競争が存在します。でも、あなたが自分なりの成功の道を見つけたいと願っているなら、自分自身の才能、気質、そして「真の自己」に焦点を当てましょう。心の矮小さを手放し、偉大さを抱きしめましょう。そうすれば、他人のことなんて気にならなくなります。ただ、自分の道だけを見据えましょう。まわりの人は、外部のものと自分を比べたり、他人の尺度で自分を測ったりしているかもしれませんが、あなたはもう、そんなことをしなくてもいいのです。

自分の中心がどこなのかを把握できれば、あなたの基盤はより堅固なものになります。たとえ嵐がやってきても、揺らぐことはありません。失望しても一瞬で立ち直り、新しいことに挑戦するチャンスだと考えられるようになります。自信とは、自分に正しい資質が備わっていると自覚することです。そして、正しい資質さえもっていれば、最終的に勝利を収められるのです。

実践的なアドバイス――本物の自信を手に入れる

1．短い時間から始める

多くの人にとって、本物の自信を手に入れるまでの道のりは、でこぼこした険しいものになるでしょう。変化を起こすのはむずかしいことですし、自分がどういう人間で、どういう生き方をするかを見直すような大きな変化となると、なおさら困難です。だから、小さなことから始めましょう。人生を180度変えたいのなら、まずは1度だけ動かすのです。1日に数分間だけ自己肯定の練習をするとか、起床時や就寝時に5分だけ頭のなかでポジティブな会話をしてみるとか、そういうものでかまいません。そして、1日ごとに1分ずつ時間を長くしてみてください。ありふれた言葉ですが、「こつこつ続けた人が最後に勝つ」のです。

想像してみてください。あなたは去年、ピアノを買いました。でも、1度も弾かないまま1年が過ぎてしまいました。「ピアノを弾けるようになる」という目的から考えると、あなたの１年はなんの意味もない１年だったと言えます。でも、毎日10分弾いていたとしたらどうでしょう？　モーツァルト並みの腕前になっていることはないとしても、３６５０分の練習をしたことになります。２日半ずっとピアノを弾いたのと同じです。では、１日に10分、本物の自信を手にするための練習をしたらどうなるでしょう？　きっと、あなたが夢見ている壮大な人生に大きく近づけるはずです。

2．朝の瞑想を最も重要な日課にする

瞑想を続けていると、自然に瞑想の時間を大切にするようになります。瞑想をした日としなかった日のあいだに、驚くほど大きな差があることに気づくからです。瞑想は、あなたの１日の調子を設定します。そして、本物の自信のための基盤を整え、世界との向き合い方と他者とのかかわり方に変化をもたらすのです。

最初のうちは、瞑想中に気持ちが乱れることもあるかもしれませんが、心配しなくても大丈夫です。努力を重ねれば、人生は劇的に変わっていきます。すぐ近くにあるものは、少し変わっただけでは気づかないものです。

「お子さん、ずいぶん大きくなったわね」と言われた経験はありませんか？　毎日

見ているあなたは気づかないかもしれませんが、ほかの人にはわかるのです。

私は、瞑想による変化を初めて実感したときのことをよく覚えています。ニューヨークに住んでいたころのことでした。ある日とつぜん、自分の感覚がいままでと違っていることに気がついたのです。自分でも驚くほど冷静で、集中していて、幸福を感じていました。もちろん、瞑想の効果を表すバロメーターはないので、感覚的にしか説明できません。でも、瞑想を始める前よりも、ずっといい気分だったことは確かです。あなたにもきっと同じことが起こります。そのとき、自分自身との関係も改善され、強い自信をもてるようになるでしょう。

3．自分が「比較」していることに気づく

自分が「他人と何かを比べている」ことに気づいたら、心のなかでこう言いましょう。

「また比べてる！　これではだめ！」

そして、意識を自分の中心に戻し、深呼吸をして、感情を解き放ちましょう。たいしたことではありません。何が起きたとしても、放っておけば消え去ります。

他者の幸せを喜べる人になりましょう。人にはそれぞれの道があり、それぞれの

幸福があります。あなたにも、あなたのための幸福が用意されているのです。

4. 自分の中心に戻ってから社会とつながる

この社会で生きていくためには、苦手な場所、他人と自分を比べてしまう場所に出向かなければならないこともあります。パーティー、仕事がらみのイベント、会議、ある意味ではソーシャルメディアもそのひとつです。そういう場に出かける前に、瞑想をして真の自己とつながることを習慣にしましょう。自分が最も傷つきやすい状況を知り、その状況に置かれる前に防備を固めておくのです。この章で紹介した「本物の自信を得るための呼吸法」を実践して、万全の状態で社交の場に赴いてください。

第10章

実践する
瞑想②第三の目

天国への扉は、超越的な
意識が集中する場所、具体的には
眉間のあたりにあります。
その意識の中枢に注意を向ければ、
自分の内に秘められた霊力を感じ、
その力に頼れるようになるでしょう

パラマハンサ・ヨガナンダ[1]

ムドラの重要性

ムドラとは、指や手などの身体の部位を特定の位置に置くことで、瞑想中やヨガのポーズをとる際に、生命エネルギー（プラーナ）によい影響を与える効果があります。博物館や寺院で東洋の彫像を見て、なぜこんなに不思議で、優美で、特徴的な手の置き方をするのかと疑問に思ったことはありませんか？

ムドラにはさまざまな効果がありますが、外側に向いているエネルギーを内側に引き戻すのにとくに役立つと言われています。

ヨガの大いなる秘訣のひとつは、瞑想中に目をどこに向けるかということです。ヨガナンダも、より高尚な知性と知覚にアクセスするには、瞑想中の目の位置に注意することが大切だと語っています。

瞑想に限らず、時間をかけて何かに取り組むのであれば、少しでもよい結果を出したいと思うはずです。そのためには、「目の位置」のような細かい部分に注意する必要があるのです。

眉間の少し上にある第三の目

シャンバビ・ムドラとは、眉間の少し上の、いわゆる「第三の目」に内なる視線を固定することです。シャンバビとは、ヨギの主であり、「至高の自己」を体現するシャンブ（シヴァ）と関連する言葉です。実際、この第三の目は「シヴァの目」とも呼ばれます。

第三の目に集中すると、心の安らぎを得られると言われています。最初のうちは、第三の目に視線を向けると、違和感を覚えたり、変な緊張感が生じたりするかもしれません。でも、時間とともに慣れていくので、心配しなくても大丈夫です（目に疾患がある人は、負担をかけすぎないよう気をつけてください）。最終的に、第三の目は幸福を感じられる場所になります。あなたはシャンバビ・ムドラを行うのが楽しみになり、繰り返すたびに、より深い静寂と平穏を感じられるようになるはずです。

シャンバビ・ムドラを行っていると、第三の目への意識が高まるのがわかります。自分の意識の一部が、エネルギーの流れに乗って第三の目に引き寄せられるような感じです。そして、第三の目と深くつながればつながるほど、日常のささいなものごとが気にならなくなっていきます。スマートフォンのカメラのような視点ではなく、上空からドローンで眺めたかのような、大きな視点を得られるのです。私自身、それまで見えなかったさまざまなものが見えるようになって、とても驚きました。あなたにも同じ驚きが待っているはずです。

第六チャクラ

チャクラとは、おおまかに言うと「車輪」という意味で、あなたのエネルギーの中枢を表す言葉です。私たちの背骨には、感情的、霊的、精神的なエネルギーに対応する7つの主要なチャクラがあり、背骨の根本にあるムーラダーラチャクラ（第一チャクラ）から、頭頂部にあるサハスラーラチャクラ（第七チャクラ）へと続いています。

眉間には、第六チャクラであるアジュナチャクラがあります。ヨギたちは、アジュナチャクラは直観と知性をつかさどると考えてきました。このチャクラを通じて、私たちは肉眼で見えるものの「先」を見渡せるようになるのです。

ヨガナンダは、**「物理的に見えるものを世界のすべてだと思っている人は、妄想のなかに囚われているも同然だ」**と説きました。そのような考え方は、いま座っている場所から見えるものだけが世界のすべてだと思い込むのと同じです。肉眼で見えるものだけに囚われていると、自分は小さくて制限された存在だと感じてしまいます。でも、第三の目を開けば、人や物にあふれた物質的な世界を超えて、その先にあるものを見渡せるようになります。そのときあなたは、愛や喜びや平和を感じ、そこにあるエネルギーと調和できるのです。

私たちは、さまざまなものを見なければなりません。「見る」とは、直観的な情報や知恵を拾い集めることを意味します。私たちは、そうして集めた情報をもとに決断を下したり、次にすべきことを認識したりできるのです。見ることは、私たちの洞察力を高めてくれる実用的な行為であり、同時に神秘的な行為でもあります。たとえばヨギたちは、高度な瞑想を行うことで、アストラル界（星幽）のような、いまいる世界を超越した世界や光を見ることができると信じています。

ヨギの信念体系に従うなら、「第三の目に意識を向ければ、より高次のものを知覚できる」ということになります。あなたも第三の目を開けば、真の自己に備わる喜び、力、知性、愛を拡大し、それらの資質を日常生活のなかでもっと発揮できるようになるのです。

ヨガナンダは、真実とは読むものではなく経験するものだと説いています。ではこれから、第三の目を開くための練習を紹介しましょう。

第三の目を開くためのエクササイズ

1. ふだん瞑想をしている場所に座ります。背骨をまっすぐにして、正しい姿勢をとりましょう。

2. これから練習を始めるという意志をもちます。雑念を頭から追い払い、精神を統一しましょう。

3. ヨガナンダが提唱した、緊張と弛緩を繰り返す呼吸法[2]を行います（第7章を参照）。息を吸い、6秒数えてから、「ハアーッ、ハアッ」と2回吐き出しましょう。この呼吸を3回繰り返します。

4. 第4章で紹介した「〝隙間〟を広げるエクササイズ」を行います。最初のうちは、5分から10分ほど続けるのがいいでしょう。

5. 第三の目に集中します。目を閉じて、ゆっくり、一定の呼吸を続けながら、内なる視線を第三の目に向けましょう。眉間の少し上に向かって、視線を持ち上げるイメージです。力まないように注意しながら、視線を固定してください。

6. 視線を第三の目に向けたままマントラを唱えます。「平和（ピース）」のようなシンプルなマントラを繰り返し唱えてください。平和（ピース）、平和（ピース）、平和（ピース）……。第三の目に集中していると、呼吸がゆっくりになり、マントラを唱えるペースも遅くなっていきます。そのまま、ゆったりとしたリズムを感じましょう。内なる視線が下がってしまったら、落ち着いて元の位置に戻してください（マントラについては第18章で詳しく説明します）。

この練習も、5分から10分ほど続けましょう。

7. 感謝の気持ちをもって練習を終えます。両手を合わせて心臓の前に出し、祈りの姿勢をとりましょう。ほかの瞑想の練習と同じように、呼吸、学んだこと、練習、そして心の奥からわき上がったすべての感情に感謝します。お祈りを捧げてもかまいません。

注記

理想は、7を終えるまでに20分以上かけることです。10分未満の時間しかとれないときは、4の「〝隙間〟を広げるエクササイズ」を3分程度に抑えて、第三の目に集中する時間を長めに確保してください。

第11章

あなたは直観

直観とは魂の導きです。
ヨガの科学の目的は、心を鎮め、
内なる声の確かな助言を正確に
聞き取れるようにすることです

パラマハンサ・ヨガナンダ[1]

心の声を聞く

私たち大人は、大小さまざまな決断を下していかなければなりません。決断の質は、人生の質を左右すると言っても過言ではないでしょう。よい決断は幸福な人生につながりますが、悪い決断は混乱を引き寄せます。そうなると、豊かで生産的で楽しい時間を過ごすのではなく、混乱を解消し、事態を元に戻すことだけにエネルギーを注がなければならなくなるのです。

とはいえ、人は往々にして間違った決断を下してしまいます。覚えておいてほしいのは、人には間違いを犯しやすい領域、つまり「苦手分野」があるということです。私の苦手分野のひとつは、前にも書いたとおり「恋愛」です。これまで付き合った男性はすてきな人ばかりでしたが、私と相性のいい人はひとりもいませんでした。

私が恋愛において大切にしていたのは「親密さ」でした。物理的な意味でも感情的な意味でも、パートナーに寄り添い、感情、夢、恐怖といったすべてのものを包み隠さず共有する関係を求めていました。しかし、過去に付き合った人たちは、そういうタイプではありませんでした。どの人も魅力的でしたし、それぞれ共通の知り合いがいたり、仕事の支えになってくれたり、同じ趣味をもっていたりしたので、楽しい時間を過ごせたのは確かでしたが。

さらけ出せなかった自分

それでも、私はいつも彼らとのあいだに〝壁〟を感じていました。ある程度までは親密になれたのですが、本当の自分をさらけ出すことはできませんでした。やがて、私の人生にあるパターンが生まれました。恋に落ち、楽しい時間を過ごすものの、自分が望む関係に到達できないまま別れてしまう、というパターンです。別れたあとで、「どうして好きになってしまったんだろう」と思いながら頭をかきむしることもしょっちゅうでした。とはいえ、あまり深刻に悩んだことはありません。心のなかでは、「あの人は運命の人じゃなかった」とわかっていたからです。

恋愛においては、すぐに正しい答えを導き出せる人はほとんどいません。正しい答えが心に浮かんだとしても、脳は見て見ぬふりをするからです。私たちの心に宿る「直観」は、感情的な「知性」の元になっています。心は、私たちが思っている以上に知的な存在で、実は脳よりも多くのことを知っているのです。

心は知性を保ったまま、私たちに語りかけようとします。心が私たちとコミュニケーションをとるためのツールのひとつが直観です。胸や背中のあたりに違和感を覚えたことはありませんか？　それは、脳のおしゃべりの最中に、直観が私たちの注意を引こうとしているせいかもしれません。でも、それが直観のせいだと知らない人は、違和感を無視して、脳の判断に従ってしまうのです。

直観は鍛えることができます。もしかしたら、多少のまわり道が必要になるかもしれませんし、そのなかで間違いを犯すこともあるかもしれませんが、最終的に人生はいい方向に進んでいくでしょう。私たちの旅において、「間違い」は重要な要素です。間違いを犯すからこそ、元の位置に戻ってやり直そうという気力がわいてきます。私たちは、たとえ自覚していなくても、同じ痛みを味わわないよう工夫を重ねているのです。

第2章で書いたとおり、私は以前、すべてをリセットするために5か月ものあいだ自分の内側に引きこもりました。厳密に言えば、仕事や家事はしていましたが、ずっと空っぽだった自分の中身を〝補充〟するための時間をとるようにしたのです。私はその時間を、おもに瞑想と勉強とヨガの練習にあてました。結果的に、その取り組みのおかげで、私の直観はかなり鍛えられました。ヨガナンダも、直観についてこう述べています。

「直観を解き放つための最も確実な方法は、早朝と寝る前に瞑想を行うことです[2]**」**

自分に課した「半引きこもり期間」が終わってから数か月後、私はあるディナーパーティーに参加しました。参加者は12人の男女で、そのうちのひとりが、のちに夫となるジョンでした。前にも書きましたが、ジョンの第一印象はまったく好みではありませんでした。でも、私はすでに、脳の声を無視して直観の声を聞く方法を身につけていました。そして、私の直観はこう言っていたのです。

「この人！　この人こそ運命の人よ！」

直観は、私たちが下す決断の質を左右します。だから、ほかのどんなものよりも鍛える価値があるのです。

振り返り——自分の直観を理解する

自分の直観がコミュニケーションをとる方法を見極めましょう。あなたの直観は、思考として表れますか？　それとも、身体の感覚として表れますか？　後者なら、具体的に身体のどの部分に表れて、あなたはそれに対してどんなふうに感じますか？

直観を感じる

直観はむずかしい概念ではありません。要するに「予感」や「虫の知らせ」と同じような意味です。直観は、私たちの脳と神経系が何万もの情報を処理した結果生まれるものですが、私たちはそのひとつひとつの情報を認識できていません。直観に関する細かいことは、すべて私たちの身体が処理しているのです。

たとえば、炎症について考えてみてください。私たちがけがをすると、体内の白血球は侵入してくる異物を排除しようとします。紙で指を切ったとしても、銃で撃たれたとしても、白血球の反応は変わりません。私たちが指示を出しているわけではないのに、自然にそういう反応が起きるのです。直観も、つまるところ心と身体による防御反応です。スピリチュアルな観点から言うと、瞑想は、全能な真の自己の声と、偽物の自己の声とを区別するのに役立ちます。

古代ギリシャの時代から、哲学者や科学者たちは直観というものに興味をもっていました。直観に従うと、緻密な分析をしていなくても正しい決断が下せる場合が多かったからです。

現在の科学の世界でも、直観の可能性と重要性に関する研究がさかんに行われています。たとえば、ニューサウスウェールズ大学の研究者たちは、直観をテーマに研究を行い、無意識の直観が私たちの意思決定にどれほど影響を与え、さらには向上させられるかを証明しました。研究者のジョエル・ピアソンは次のように述べています。

「数々のデータから、身体と脳に蓄積された無意識の情報は意思決定によい影響を与えていることがわかりました。そうした無意識の情報のおかげで、意思決定の質とスピードが向上し、自信をもって決断を下せるようになるのです[3]」

ベルリンのマックス・プランク人間発達研究所のゲルト・ギーゲレンツァーはこう述べました。

「人が理性だけをもとに決断を下すことはめったにありません。複雑な問題に直面している場合はなおさらです」

彼は、直観の利点は正当に評価されていないものの、本来は「無意識の知性のひとつの形態」であると考えました。[4] 2006年に発表されたある論文で、当時アムステルダム大学に在籍していたアプ・ディクステルホイスと同僚たちも、直観は非常に有用なものだと結論づけています。ディクステルホイスらは、「無意識の熟考」という仮説を検証しました。これは、「単純な意思決定を行う際は意識的な思考をするのが最も合理的だが、『家を買う』などの複雑な決断をする場合、意識的な思考は有害になりうる」という仮説です。[5]

心理学専門誌『サイコロジー・トゥデイ』は、「科学者は創造的な直観を用いて、新たな発見につながる道を見分けている」と指摘しています。また、ノーベル賞受賞者のなかには、自分がいかに直観の力を活用したかについて語っている人が何人もいます。ノーベル生理学・医学賞を受賞したマイケル・S・ブラウンは次のように語りました。

「仕事中は、自分の手に導かれているような感覚を何度も味わいました」[6]

振り返り——直観との関係性

以下の質問への答えを日記に書き出しましょう。

1. これまで、直観（虫の知らせ）に従ったこと、あるいは無視したことはありますか？

2. 理性ではなく直観に従って決断を下し、結果的にうまくいったことはありますか？
そのときのことを具体的に覚えていますか？

3. 脳の声を無視して、心の声に耳を傾けたことはありますか？
そのとき、どんなことが起きましたか？

4. 直観を無視したせいで失敗した、あるいは間違った選択をしてしまったことはありますか？

5. あなたのことを「直観的な人」だと思っている人はいますか？
その人はなぜそう思っているのですか？

直観力を高める方法

ヨガナンダは、「私の教えをすべて受け入れなさい」とは言いませんでした。むしろ、**「神聖なものごとをやみくもに信じる人よりも、建設的に疑う人のほうが、早く真理にたどり着ける」**と述べています。[7] ヨガナンダが勧めているのは、ヨギたちが何世紀もかけて実践し、効果が実証された瞑想法を実際に試すことです。そうすることで、ただ論じるだけではなく、自分の体験を通して真理へと近づけるからです。信仰心をもっているだけでは、はっきりとした答えは得られません。そういう人は、少し違和感を覚えただけで、信仰そのものを拒絶するようになるでしょう。

違和感を覚えると、小さなトゲが手に刺さったような状態になります。目に見えないほど小さなトゲでも、あなたは刺激を感じます。何かがおかしいことに気がつきます。でもそのトゲは、いずれ外に押し出されます。あなたの身体には、本来あるべきではないものを外に出す機能が備わっているのです。もちろん、ある程度の時間はかかりますが、とにかく重要なのは、あなたの身体にはいくつもの機能があり、それらを通じて自分自身を守っているということです。

同じことが感情にもあてはまります。有害な感情がなかに入ってきたとき、あなたの心はそれを取り除こうとします。心のなかで何かが起きていると思ったら、注意を払い、心を守るために何ができるかを考えましょう。瞑想を行えば、意識が高まり、よい決断を下せるようになります。また、ひとりではどうしようもない場合でも、助けを求めるべきタイミングがわかります。友人や専門家の力を借りて、最高の結果を手に入れられるかもしれません。

悟りへの道を歩みはじめたとき、私も多くの人と同じように悩みました。このヨギの教えは本当に正しいのだろうか？　瞑想の効果を確かめるにはどうしたらいいのだろう？これが自分に最も適した瞑想法だなんて言いきれるのだろうか？　――とにかく、試してみればいいのです。私はヨガナンダの教えどおり、すべてを疑いました。そして、自分で思いついたことを試し、瞑想を試し、自分の直観と知識からどんなものが生まれるのかをこの目で確かめました。さらに、自分のなかで生じる進化や変化をしっかりと感じとろうと努めました。

気づけば、あらゆるものが動いていました。私は前に進んでいて、内面にもさまざまな変化が起きていたのです。その後も、疑う心を忘れないよう気をつけながら前に進んだ結果、私の直観は人生のあらゆる面で発展していき、いつしか外部の情報に頼って決断を下すことはなくなりました。たとえば、ニューヨークからロサンゼルスへの引っ越しを検討しはじめたときもそうです。最初は、家族や友人と離れ、慣れ親しんだ東海岸での生活を手放すことが不安でたまらなかったのですが、内なる声に耳を傾けて引っ越しを決断したことで、人生が一気に開けていったのです。

好き嫌いを超越する

直観を受け入れるためには、こだわりを捨てることも大切です。ヨガナンダはこう述べています。

「感情を完全にコントロールしたとき、あなたは自分自身の王になります。（中略）まずは、好き嫌いに縛られるのをやめましょう」[8]

好き嫌いを重視しすぎると、心の落ち着きが失われます。ヨガナンダはその状態を「感情が引き起こす持続的な不満」と呼びました。[9] レストランの特定のテーブルを好むとか、食器を決まった場所にしまうといった、日常のちょっとした好き嫌いが1日を台無しにしてしまうかもしれません。ささいなことに気をとられすぎると、ものごとの全体像が見えなくなるのです。

ささいな好き嫌いを気にしていると、私たちのエゴ、あるいは「小さな自分」が力をもちはじめます。特定のやり方にこだわる「小さな私」は、自分の意見を通し、立ち位置を守ることに多大なエネルギーを注いでいます。反対に、私たちの大きな部分、つまり真の自己は、日常のささいなものごとに囚われたりはしません。つねに大きな視点をもち、私たちの内側にある至福、純粋な喜びだけを見ているのです。

真の自己と調和すると、外部のものごとに執着することがなくなります。とはいえ、新しい靴を買ったり、部屋の模様替えをしたり、友達とディナーに行ったりしたときに心が躍らないという意味ではありません。重要だと思っていたことの多くが、実は気にする必要のない小さなことだったと思えるようになるのです。一方で、大切な人と何気なく観に行った映画が、人生で最も貴重な思い出のひとつになったりもします。内なる至福を手に入れると、日々の経験が新しいレベル、信じられないほど高いレベルに引き上げられるのです。

では、私たちは具体的に何をすればいいのでしょう？　先に言っておくと、自分の好みを捨てる必要はありません。**好みをもちながらも、周囲のものごとに対して「オープン」でいることを心がけましょう。**オープンでいれば、「いまこの瞬間」と仲良くなり、正しい行動をとり、人生をよい方向に変えていけます。オープンでありつづけることが鍵なのです。自分の思いどおりにならなくても、心を閉ざさないでください。たとえば、あなたが金髪のサーファー風の男性ばかり目で追っている場合、運命の人が黒髪でスーツを着た男性だったときに最後まで気づけないかもしれません。あるいは、インターンの学生が出したアイデアを無視したとしましょう。それがあなたの会社の製品にとって最高のアイデアだという可能性はゼロではないのです。

オープンでいることは、悟りを開くための真の資質です。それはつまり、「自分はすべてを知っているわけではない」という事実を受け入れることです。自分の意図を強引に通そうとするのではなく、直観を通してスピリットの声を聞きましょう。真の自己に、つまり私たちの手を取り、導き、道を示してくれる大いなる力に対して謙虚になりましょう。オープンな状態とは、どんな場所においても最大限の喜びを享受し、最もすばらしい経験をする準備ができているということです。人生の流れに逆らうのではなく、その流れに乗ることを心がけてください。

振り返り──観察vs判断

つねに何かを「判断」していると、心と身体に大きな負担がかかります。ものごとをありのままに受け止めるようにしましょう。そうすれば、心が落ち着き、直観がより饒舌に語りかけてくるはずです。真実を見抜き、次にとるべき行動を把握できるのです。ヨガナンダはこう言っています。

「真実を知り、真実のなかで生きる唯一の方法は、直観力を高めることです」[10]

私たちはよく、「この人はダイエットしたほうがいい」とか「あの人は髪のセットに失敗したに違いない」といった判断をしてしまうものです。でも、何かを判断したくなったときは、いったん立ち止まり、目の前のものをただ観察し、ただ目撃するよう心がけてみてください。自分の価値観に基づいて判断したくなる瞬間もあるかもしれませんが、たいていの場合は冷静に対処できるはずです。ここでは、すぐに始められるメンタルシフトの例を紹介します。

「判断」
・あの女の人の赤い帽子、ださい……。
・ランニングよりウエイトリフティングのほうが効果がある。
・ルビーさん、少し太ったんじゃない？
・暑い……最悪の日ね。
・あの男の人、ベントレーに乗ってる。お金持ちなのね。
・あの子、ソーシャルメディアで注目を浴びようと必死ね……。

「観察」
・あの女の人、赤い帽子をかぶってる！
・ウエイトリフティングが好きな人もいれば、ランニングが好きな人もいる。
・あ、ルビーさんだ！

・今日は暑いわね。
・あの男の人、ベントレーに乗ってる。
・あの子、今日もソーシャルメディアに投稿してるのね。

考え方を変えてみると、自分が1日で、1週間で、1か月で、1年で、どれだけの「判断」を下しているかを知って驚くことでしょう。そうした判断のほとんどは、エゴによって下される、なんの価値もない評価だと覚えておいてください。エゴによる評価や比較にばかり気をとられていると、自分の中心から遠ざかってしまいます。だから、ありのままに観察することを心がけましょう。そうすれば、直観の声がもっとはっきりと聞こえるようになります。

直観は信頼の前兆

サンスクリット語で「信頼」を表す言葉は「visvas」です。これは、「呼吸が楽になり、相手を信頼し、恐怖から解放される」という意味だと言われています。でもヨガナンダは、この言葉にはもっと深い意味があると考えました。ヨガナンダいわく、「svas」は呼吸の動き、つまり生命活動と感情の動きを表していて、「vi」には「反対」や「〜のない」といった意味があるようです[11]。

私たちは、心を落ち着けることで直観の声を聞き、徐々に直観を信頼するようになっていきますが、心が落ち着いていない人は、直観の声を聞くことも真理を理解することもできません。第8章で例に挙げたように、「ぎざぎざした湖面」に月は映らないのです。しかし、そのような状態でも心の落ち着きを取り戻すことはできます。そして、第8章で述べたように、平静でいれば直観力が高まり、直観力が高まれば真理に近づきます。ヨガナンダはこう述べました。

「瞑想の静けさのなかでは、意識は真実へと向かっていきます。やがてあなたは、真実を理解し、信仰心が強固になっていきます。直観が研ぎ澄まされ、見えないものを通じて多くのことを理解しはじめるのです[12]」

ポイントは、瞑想を続けるうちに視界がクリアになっていくということです。

実践的なアドバイス――直観力を高める

1．スピリットの導きに従う

私が気に入っているお祈りの文句は、ヨガナンダに教わった文句をアレンジしたものです。

「スピリットよ、私は理性を保ち、意志をもち、行動する準備ができています。だから、私の理性を、意志を、行動を、より高みへ、あなたの望むほうへお導きください」

このお祈りを捧げると、心をオープンにすることができます。先入観をもたず、直観を最大限に引き出すのに役立つのです。

2．決断を下す前に「チューニング」をする

「チューニング」とは、決断を下す前に、一時的に外部の音を遮断して影響を受けないようにすることです。つまり、自分の内側にこもるのです。瞑想を行い、内なる声だけに耳を傾けるのです。ヨガナンダは次のような言葉を残しています。

「しかし、あなたが神と調和すれば、神はあなたを正しい方向へと導くでしょう。

「もう間違いを犯すことはなくなるのです」[13]

3．流れに身を任せる

自分の好き嫌いに固執して、直観が導く声を聞き逃さないように気をつけましょう。自分の好きなものだけを追い求めていると、可能性が閉ざされてしまいます。レストランで食べたい料理が品切れだったとしたら、別の料理を頼めばいいのです。欲しい色のヨガパンツが手に入らなかったら、無難なグレーにでもしておけばいいのです。信号に引っかかってしまったら、数秒だけ瞑想してみましょう。好みに縛られた生活から解放されてみると、予想以上に気持ちがいいはずです。

4．自分のルールを捨てる

自分の内面を懐中電灯で照らして、日常のなかでもっとオープンになれる瞬間がないかを探してみましょう。オープンになれば、直観の声をはっきりと聞き取れるようになります。もしかしたら、あなたは特定のものごとに対して強いこだわりがあるかもしれません。私も昔は、同僚が「不適切な」書式で文書を送ってくるたびに腹を立てていました。でも、彼女の書式が間違っていたわけではありません。私のそれと違っていただけなのです。その後、私は自分のルールを捨てたのですが、おかげで日々のさまざまなことに楽しみを見出せるようになりました。あなたも試してみてください。自分のルールに縛られないことで、自由と喜びを感じられるのです。

5. より深い知性にアクセスできることを実感する

あなたは取るに足らない存在ではありません。狭い場所、窮屈な場所で何かを決断する必要はまったくないのです。真の自己とつながれば、ほかのどんなのともつながることができます。そこには、あらゆる知恵、あらゆる知識も含まれています。自分のまわりに広がる知性を感じながら、ヨガナンダのこの言葉を心に留めておきましょう。

「血と肉でできた身体を見るたびに、あなたは自分を小さな、制限された存在だと認識します。くしゃみをしたり、手をどこかにぶつけたりした瞬間、自分の小ささを嫌でも実感してしまうのです。しかし、目を閉じて瞑想すると、みずからの意識がどこまでも広がっていて、自分がその中心にいることがわかります[14]」

第12章

あなたはパワーの源

生命力(バイタリティ)の秘訣は、いまある
エネルギーを節約しながら、
意志の力で新たなエネルギーを
身体に供給することです

パラマハンサ・ヨガナンダ[1]

あなたは輝いている

休息をとっているとき、人の身体は約100ワットのエネルギーをつくり出していると言われています[2]。これは、あなたの部屋を照らす照明に相当するエネルギーです。

しかし多くの人は、自分が輝いていることに気づいていません。むしろ、睡眠不足、偏った食事、不安、病気などのせいで、「自分はエネルギーが足りていない」と感じています。はっきり言っておくと、どのような不調を抱えていようと、あなたがエネルギーを生み出す存在だという事実は変わりません。あなたの本質は純粋なエネルギーであり、純粋な生命力なのです。

この章では、自分のなかにある生命力を引き出す方法を学んでいきます。さらに、より多くのエネルギーを取り込むためにどうすればいいかも指南します。これらの方法を身につければ、あなたは〝発電所〟のようにパワーの源になり、人生を美しく、満足できるものに変えられます。まずは、簡単な背景知識から押さえておきましょう。

生命力(バイタリティ)とは何か

生命力(バイタリティ)という言葉は、生命を意味する「ヴィータ(vita)」に由来しています。ヨギの観点から言うと、「生命力に満ちている」とは、生命エネルギー(プラーナ)が豊富に流れている状態のことです。その状態のとき、集中力、回復力、強さ、自信、霊感がとめどなくわいてきます。肌がつやつやして、足取りは軽く、笑顔があふれ、他者との関係が良好になります。さらに生命力は、あなたがよい〝発電所〟になるうえで非常に重要なものです。

生命力について考えるとき、私の頭にまず思い浮かぶのはジェイ先生の姿です。ジェイ先生は、私がインターンをしていたアーユルヴェーダのクリニックの医師です。ぎっしり詰まったスケジュールに追われ、ビバリーヒルズまで2時間以上かけて通勤しているというのに、いつ見ても元気そうでした。けっして大げさに言うのではなく、私は彼がストレスを感じているのを見たことがありません。また、40代後半という年齢にもかかわらず、白髪が1本もなく、いつも笑顔で診療室から診療室へと飛びまわっていました。ジェイ先生はヴィータを、つまり人生を愛していました。彼は生命力を体現する存在であり、文字どおり〝発電所〟のようなパワーの源でした。

ここで、肝心な話をしておきます。ジェイ先生は1日に4時間しか睡眠をとりませんでした。毎朝、日がのぼる前に起きてヨガと瞑想を行い、それから出勤していたのです。彼はよく私にこう言いました。

「私はエネルギーのほとんどを瞑想から得ています。でも残念なことに、世の中の多くの人は、日々の生活に瞑想や静寂を取り入れる方法を知らないみたいです。意志の扱い方を学んで、その力を活用すれば、その人の世界はすっかり変わるんですけどね」

意志を内側に向ける

ジェイ先生は、非常に重要なことを指摘しました。私たちの「意志の力」についてです。

意志とは、何かをしようと決めて、それを実現するために行動を起こす能力のことです。私たちが意志と呼んでいるのは、たいていは「ニットのセーターを編む」とか「新しいビジネスを立ち上げる」といった、具体的な目標を達成する力のことです。また、意志という言葉は、「意志が弱いせいでダイエットに失敗した」「ジム通いが続かないのは意志が弱いからだ」というように、ネガティブな文脈で使われがちです。

しかしヨガナンダは、意志とは生命力を高めるものだと説いています。個人が秘めている生命エネルギーと、ほかのあらゆるものが秘めている大いなるエネルギーとをつなぐ架け橋――それこそが意志なのです。

別の言い方をすれば、私たちは意志の力によって、内なる生命力にアクセスしたり、新たな生命力を生み出したりできるということです。ヨガの技術を学べば、意志の力を通じてより多くのエネルギーを取り込めるようになります。実際、ヨガの練習に関する研究はさかんに行われています。ある研究は、ヨガには身体的なメリットに加え、収縮期血圧と拡張期血圧の値を調整する効果があることを明らかにしました。[3] また、血圧と疲労の関係も別の研究によって判明しています。[4] これらの研究結果が示しているのは、血圧を健康的な値に保つことで疲労を軽減できる、つまり生命力に満ちた状態になる可能性があるということです。

ここまでの話を踏まえると、瞑想には生命力を調整する効果があると言えます。効果的にエネルギーを使いたいのであれば、瞑想をすればいいのです。ひとりで家にいるときに、すべての部屋の電気をつけっぱなしにするのは無駄遣いでしかありません。生命力も同じように、無駄遣いを抑えることが重要です。そうすることで、よりよい人生をつくり出せるのです。

延髄こそエネルギーの元

ヨガナンダの教えによると、人間は食べ物、酸素、睡眠、日光を通してエネルギーを得ています。しかし彼は、その4つ以上に重要なのは脳の最下部にある延髄だと述べました。延髄は、いつでもエネルギーを引き出せる、私たちの主要なエネルギー源です。ここで、第4章で触れたことをおさらいしましょう。延髄は背骨とつながっていて、背骨は神経系のさまざまな部分（末梢神経系を含む）とつながっています。[5] 古代のクリヤ・ヨガにおいては、エネルギーは延髄から入ってきて、私たちの身体全体に届くとされています。

瞑想によって私たちが取り込むエネルギーは、つねに私たちのまわり、あるいは宇宙全体に遍在しています。実際、個体に見えるものでも、99・9999999%は「空間」だということが科学的にも証明されています。何もない広い部屋の真ん中に、リンゴがひとつだけ置いてあるようなものです。その部屋は空白ではなく、運動エネルギーと位置エネルギーが脈打つ空間なのです。

ヨガナンダは、「I am the Bubble, Make Me the Sea」という聖歌をつくりました。この歌の歌詞は、ヨガナンダのエネルギーについての考え方を完璧に表しています。私たちは、泡のように薄い皮膚という境界があるために、自分が世界から、あるいは神から切り離された存在だと思っています。でも、本当はそうではありません。あなたは広大なエネルギーの海です。ディーパック・チョプラが「純粋な可能性の海」と呼んでいるものです。あなたのなかに満ちているエネルギーは、世界中のあらゆる場所にあるエネルギーと同じものです。あなたと世界を隔てることなどできないのです！

あなたと私はこの世界に存在していて、この世界の一部であり、この世界と混ざり合っています。私たちに必要なのは、自分のなかにあるエネルギーを取り出す方法を学ぶことだけです。

あなたはエネルギーのかたまり

たとえば、美しい海に飛び込んで、水面下を泳いでいるところを想像してみてください。あなたは文字どおり海と一体化しています。身体は水に包まれていて、あなたの動きは水中にいる魚たちにも影響を及ぼします。そして、ベテランのスイマーやサーファーなら知っているとおり、水中では波のエネルギーを利用して動きまわることができます。地上でも同じです。波のエネルギーの代わりに、私たちは生命エネルギー（プラーナ）を利用して、望む場所へと移動できるのです。

アーユルヴェーダは、ヨガの科学と重なる部分も多くありますが、ベースになっているのは「パンチャマハーブータ」という概念です。

これは、私たちの身体も、自然界のあらゆる物質も、「地（プリティヴィ）」「水（ジャラ）」「火（アグニ／テジャ）」「風（ヴァーユ）」「空（アーカシャ）」という5つの元素で構成されているという考え方です。私たちのエネルギーは全体のエネルギーであり、逆もまたしかりだということです。

エネルギーの供給にあまり注意を払わない人や、自分の意志でエネルギーを引き寄せられることに気づいていない人もいるでしょう。でもこれらは、クリヤ・ヨガの教えのなかでも基本的な部分です。エネルギーは、生命力をはじめ、あらゆるものを形づくる何よりも重要なものなのです。

いまはまだ、私の話を完全には理解できないかもしれません（でも、私はこの考え方をとても大切にしています）。ここで、意志とエネルギーのつながりを確かめるために、簡単なエクササイズをしてみましょう。

意図と意志とエネルギーをつなげるエクササイズ

エネルギーは、私たちが注意と意図を向ける場所に生じます。これから紹介するのは、あなたの意図と意志とエネルギーを結びつける練習です。意図とは、あなたが意識的につくり出す目標です。歯を磨こうとか、クローゼットを整理しようとかいった身近なものも、「生活を一新して世界を旅しよう」といった壮大な考えも意図に含まれます。ただし、意図は単なる願いごとではありません。実際に何かをする、あるいは何かになるという自分との約束なのです。

意図には、意志と能力に指示を出し、目的を遂行させるという役割があります。そして意志は、より多くのエネルギーを生み出して身体に供給し、霊的、精神的、肉体的な能力を高めます。生み出されるエネルギーの量は、意志の強さによって変わると覚えておきましょう（練習を積み、集中すれば、意志の力は伸ばせます）。また、意志の力を活用すれば、私たちの心と身体の重荷になる「停滞したエネルギー」も解放できます。これから、そのための方法を紹介していきます。

1．座って目を閉じ、「これから身体と心の緊張をほぐす」と自分に宣言します。

2. 鼻から息を吸い込みます。息を吸いながら、自分のなかに存在するすべての緊張を集め、肩のほうに移動させることをイメージします。

3. 3つ数えてから、肩を耳の近くまで持ち上げます。その状態を少しキープしたら、大きく息を吐いて肩の力を抜きます。息を吐ききったとき、全身の緊張がほぐれているのを実感してください。

4. ここまでの動きを3回繰り返します。終わったら、通常の呼吸に戻しましょう。すぐには立ち上がらず、しばらく静かに座っていてください。

このエクササイズをすると、自分のなかのエネルギーを動かせることがわかるはずです。つまり、その気になれば、あなたの人生に不要な感情や、これ以上もっていたくない感覚を解放できるのです。

生命力を減らすもの

ここで、生命力を減少させる原因に触れておきましょう。

生命力が減ると、〝発電所〟としての機能が損なわれてしまいます。そうなると、子どもと遊んだり、溜まったメールに返信したり、犬を散歩させたりする力はわいてきません。そのうえ、身体が衰え、細胞レベルでの分解が早まるので、老化が進んだり、病気になったりする可能性も出てきます。

あなたという存在を左右するのはエネルギーです。エネルギーが減ると、あらゆる力が失われ、細胞は若返ることも再生することもできなくなります。あなたはもはや、穴の空いたタイヤのようなものです。いくら空気を入れても、穴をふさがないかぎり空気が抜けつづけるのです。

ヨガナンダをはじめとするヨギたちは、生命力が身体から漏れ出す大きな原因のひとつは「制御不能な感情」だと考え、感情が暴走しないよう注意を払いました。怒ったり、強い恐怖を覚えたり、過度な不安にさいなまれたりすると、私たちは途方もないエネルギーを消費します。その結果、疲弊し、消耗したように感じるのです。

誰かと口論になったあと、ひどく疲れてしまった経験はありませんか？　それは当然のことです。感情面での疲労は、注意力や記憶力、さらには何かを計画したり整理したりする機能の低下につながることが研究によって明らかになっています。[6] また、感情が不安定になると、消化不良、頭痛、体重の増減といった身体的な異常も現れます。しかし、だからといって、自分の感情に鈍感になったほうがいいわけではありません。

理想は、食べたものを消化するように感情を処理することです。そうすれば、あらゆるトラブルに対し、冷静かつ理性的に対処できるようになります。冷静さは、真の自己の声を聞き取るのにも、不要な感情を捨て去るのにも役立つのです。

自分の感情を感じることの大切さ

私たちの人生は、ときに感情に支配されているかのように思えます。感情というのは、それほどまでに荒っぽく、予測できず、強力なものなのです。でも、私が「感情を消化する方法」と呼んでいるテクニックを学べば、やっかいな感情を解放できるでしょう。そしてあなたは、より多くのエネルギーと自由を感じ、「悟り」に一歩近づくのです。

現代社会では、「感情を感じる」方法を教わることはほとんどありません。むしろ、私たちは幼いころから、感情を抑え込んだり、押し殺したり、無視したりするすべを叩き込まれます。さらに、一部の「ネガティブ」な感情に関しては、もっていないふりをするか、少なくとも認めないようにすることが正しいと教えられます。

しかし、きちんと処理されなかった感情は私たちのなかにとどまり、日々の生活に悪影響を及ぼすかもしれません。『手放す（Letting Go）』（未邦訳）の著者である心理学者のデヴィッド・ホーキンズ博士によると、人はネガティブな感情（恐れ、怒り、嫉妬など）に対処するとき、おもに「抑制する」「他者に投影する」「逃避する」のいずれかの方法をとるようです[7]。

とはいえ、抑圧したり、押し殺したりしても、感情は消えません。むしろ、抑圧した感情は私たちのなかに蓄積され、身体（とくに首と背中）の緊張、いらだち、憂鬱、不眠、消化不良、その他のちょっとした不調（ニキビ、関節の痛み、頭痛）などを引き起こします[8]。

きちんと処理されていない感情に身を任せると、自分にも他人にも多大な悪影響を与える危険があります。これは私が身をもって経験したことです。現在、私は悟りの旅を続けているところですが、自分の感情に執着しない方法はすでに身につけました。

ただし、油断すると過去の失敗を繰り返してしまうので、気を抜くわけにはいきません。たとえば以前、クライアントの女性と自己愛の大切さについて話したのですが、話が盛り上がっている最中に彼女の携帯電話にメッセージが届きました。彼女は視線を私から携帯へと移し、すぐにメールを返しました。そんな彼女を見て、私は無性に腹が立ちました。

誰かと話しているときは、よほどの緊急事態でないかぎり、携帯電話に届いたメッセージに集中するべきではないと私は思っています。目の前の相手との会話を最優先するのがマナーです。そのため、クライアントの態度は許せませんでした。でも、私はすでに、自分を制御し、ポジティブな方向にエネルギーを転換するすべを学んでいました。**腹が立ったときは、冗談を言ったり、その場を笑ってやり過ごしたりすればいいのです**。

その日は、とりあえず一息ついてから、彼女が抱えている問題が解決することを心のなかで祈りました。たいていの場合、人の感情を乱すのは「トリガー」となった出来事そのものではありません。そのトリガーに反応した、心の奥にある「古傷」が原因なのです。もし、何かの「トリガー」のせいで冷静さを失いそうになったら、呼吸を整えることに意識を集中するといいでしょう。

最後に、「逃避」について説明します。逃避がどういうものかは、誰もがよく知っているでしょう。

アルコール、テレビ、買い物、おしゃべり、ソーシャルメディアといったあらゆるものを駆使して、問題から目をそらし、気晴らしをすることです。いま挙げたものが必ずしも悪いわけではありませんが、これらをどのように使い、生活のなかでどのような役割を担わせるかをきちんと考えなければなりません。

感情を処理する

感情を処理し、自分のなかで消化すれば、その感情を客観的な視点から理解して、ありのままのかたちで他者に伝えられるようになります。それによって、エネルギーを節約し、自分のなかに平穏な場所をつくり上げ、よりポジティブな方向にエネルギーを向けることが可能になるのです。心の静寂をつくり出すことは、心身の健康につながるだけでなく、悟りを開くうえでも非常に重要です。

ホーキンズ博士は、感情を処理するには「感情を自由に走りまわらせておく」だけでいいと述べています。[9] もちろん、簡単なことではありませんが、ホーキンズ博士が何よりも言いたいのは「わき上がってくる感情を抑えつけてはならない」ということです。感情を抑えつけると、自分にとって害になるものが身体に溜め込まれてしまいます。塩分を摂りすぎた身体が水分を溜め込むのと同じです。身体には水が必要ですが、必要以上に水分が溜め込まれると、膨満感や高血圧といった不調を引き起こす危険があります。

だから、感情を無理に保持したり遮断したりするのはやめましょう。たとえば、誰かに軽蔑された、あるいは裏切られたと感じたときに、もっともらしい理由を考え出して自分を守ろうとしてはいけません。自分のなかに生まれた感情をありのままに感じれば、負のエネルギーはすぐに消えていきます。

また、「思考」と「感情」は別物です。思考は「自分で組み立てるもの」であり、言葉によって表される「考え」ですが、感情は言葉では表せません。だから、腹が立ったときに「いけない、また怒っちゃった」と分類する必要はないのです。

感情を処理したいのであれば、ただ感じましょう。そうすれば、いずれ消えてなくなります。さらに、感情をありのままに感じることで、内なる自由、そして「悟り」の感覚が育っていくのです。

振り返り――あなたが抱えている感情

以下の質問に対する答えを、数分かけて日記に書き出してください。頭のなかで振り返るだけでもかまいませんが、紙に書いたほうが自分の経験をより明確にできます。

1. あなたのなかに定期的にわいてくるネガティブな感情はどんなものですか？

2. あなたの「トリガー」はなんですか？ つまり、どういうときにネガティブな感情が呼び起こされますか？ 友達がすぐに返信をくれないときとか、同僚に偉そうな態度をとられたときとか、そういうものでかまいません。心に浮かんだ答えを書いてみてください。

3. 目を閉じて、手をお腹の上に置いて数秒間じっとします。それから、自分の身体の中心に向かってこう問いかけてください。
「いま、どんな感情を抱え込んでいるの？ どんな感情を解放したいの？」

そして、あなたの身体が質問に答えてくれそうかどうかを見極めましょう。自分の身体に質問するなんてばかげていると思うかもしれません。あるいは、本気で尋ねているのに、身体は何も答えてくれないかもしれません。でも、それでいいのです。自分の内側に意識を向けるだけで、自分とのつながりが強固になっていきます。この練習を繰り返せば、あなたはやがて、自分がいままで以上に強い輝きを放っていることに気づくでしょう。

生命力が漏れ出すその他の要因

私たちは、ヨガナンダが「無益な活動」と呼ぶものに時間とエネルギーを費やし、生命力を消耗させています。「無益」と聞くと厳しい言葉に思えますが、ヨガナンダが指しているのは、ネットサーフィンのしすぎ、テレビの見すぎ、悪口や陰口といった「悟りにつながらないもの」のことです。少しのんびりして身体を休めたり、遊びに行ってリフレッシュしたりするのは悪いことではありません。むしろ、悟りの境地に達していない私たちのような人は、そういう時間を適度にとったほうがいいとさえ言えます。完全に悟りを開いた人なら、そういう時間すらいらなくなるのかもしれませんが、少なくとも私たちにはささやかな休息が必要なのです。

重要なのは、**日々の練習と瞑想のための時間をじゅうぶんに確保し、ヨガナンダの言う「無益な活動」に費やす時間を制限することです。**仕事が終わったあとにテレビや映画ばかり見ている人は、エネルギーのほとんどを画面と向き合うことに費やしています。テレビを見てはいけないというわけではありませんが、時間を制限しましょう。瞑想、練習、読書、友人や家族と過ごす時間を確保するために、自分で決めた時間が経ったら電源を切ることが大切です。テレビに限らず、ソーシャルメディアやオンラインショッピングでも同じことです。休息と練習を両立できるように、タイミングを見極めるスキルを高めましょう。

私たちの生命力を奪うもうひとつの要因は、身体的な「閉塞」です。ヨガナンダは、**便秘になることだけは避けるよう説いています。**便秘になると、体内に蓄積された毒素が生命力をすり減らすからです。

またヨガナンダは、肉を食べるのは「身体に毒素を積み込むこと」であり、生命力を損なう原因になるので、**肉食をやめる（少なくとも肉を食べすぎない）**ことを勧めてもいます。ヨガの先生に菜食主義者が多いのはこのためです。私も、ヨガにおけるエネルギーの原理を学んだとき、菜食主義を徹底することに決めました。

そして最後に、**おしゃべりにならないよう気をつけましょう**。しゃべってばかりいると、あなたの生命力はどんどん減っていきます。話す必要がないときは、声とエネルギーをできるだけ休ませたほうがいいのです。

生命力は人生のどの時点でも伸ばすことができる

あなたのまわりにいる人たちを思い浮かべてください。時間とともに輝きを増していく人よりも、輝きを失っていく人のほうが多いのではないでしょうか。多くの人は、生きるための燃料を蓄える道筋や手段をもたないまま、仕事や家庭のために無理をしたり、身体を休めようとして逆に疲弊したり、若さを保つための努力を怠ったりしているせいで、少しずつ生命力を消耗させているのです。しかし、それを自然なことだと思ってはいけません。生命力は本来、年齢とは関係ないものです。より多くのエネルギーを活用する方法を学べば、あなたの生命力はどんどん増えていくでしょう。

たとえば、私の親友でありビジネスパートナーでもあるジョン・ピサーニという男性がいい例です。彼は以前、ストレスと疲労のせいで、いつ見ても元気がありませんでした。でも、あるときからヨガナンダの教えを生活に取り入れ、少しずつエネルギーを取り戻しました。数年後、ジョンはいつも目を輝かせ、軽い足取りで優雅に歩くまでになっていました。生命力がみなぎり、髪も肌もつやつやしていて、まさに別人です。彼を構成するすべてのものが光を放っているようでした。

意志の力で内なるエネルギーを取り込む方法を学ぶと、外部からのエネルギー、とくに食べ物から摂取するエネルギーに頼ることが減ります。私もそうでした。瞑想をすればするほど、食べ物に対する執着が消えていくのです。私はもともと、食べることが大好きで、世の中の多くの人と同じように、気分転換のために何かを食べることもよくありました。

でも、悟りの道を進むなかで、自分の気分をコントロールする方法がわかってきました。以前のように食べ物に頼らなくても、瞑想によって必要なエネルギーを得られるようになったのです。もちろん、まったくお腹が空かなくなったというわけではありません。でも、以前のように、気分を変えるためだけに何かを食べることはなくなりました。いまでは、気分を変えたくなったときは短い瞑想をするようにしています。甘いものを食べるよりずっと効果的です。

自分の真の生命力にアクセスする技術は、一朝一夕で身につくものではありません。練習とはそもそも、時間をかけて能力を身につけ、発展させていくことなのです。ヨガナンダはこのような言葉を残しています。

「疲れることなく働ける魔法があります。みずからの意志の力を活用することです」[10]

瞑想を続ければ、この言葉が正しいとわかる日が来るでしょう。次の章では、私たちのすぐ近くにあり、私たち全員をつないでいる場所からエネルギーを引き出す方法を紹介します。

まとめ——あなたのパワーの源

○生命力と気力を増加させるもの

・瞑想
・平穏と静寂
・感情をコントロールして消化する
・よい目的のために意志を活用する

○生命力と気力を減少させるもの

・制御されていない感情
・長時間だらだらする
・不安や恨みを抱える
・しゃべりすぎる

第13章

実践する
生命力をたっぷり充電する

意志とは、エネルギーを吸引する
巨大なポンプです。宇宙の生命
エネルギーを否応なしに引き込み、
あなたをつくり変えていきます。
意志が大きくなるにつれて、
身体に供給されるエネルギーは
無限に増えていくのです

パラマハンサ・ヨガナンダ[1]

クリヤ・ヨガの科学

まず、大切なことをお伝えしておきます。身体の奥を流れるエネルギーが多くなれば、人生全体を流れるエネルギーも増えるということです。その強力なエネルギーは、あなたを動かす燃料となり、人生を変える助けになってくれるでしょう。

クリヤ・ヨガは、みずからのエネルギーと意識に直接働きかける行為であり、プラーナヤーマ（生命エネルギーをコントロールすること）と瞑想に焦点を当てています。ヴィラバドラーサナ（戦士のポーズ）やヴリクシャーサナ（木のポーズ）といった、ヨガと聞いたら多くの人が思い浮かべるような「ポーズ」はそこまで重視しません。

しかし、ヨガナンダが提唱したクリヤ・ヨガの科学には、「肉体的」な練習、つまり意識的に身体の一部を緊張させたり弛緩させたりすることも含まれています。そうした練習によって、身体の各部分にエネルギーを導き、若さと生命力を増加させられると彼は考えたのです。本書ではすでに、「緊張」と「弛緩」の練習をいくつか紹介してきましたが、この章ではそれらの練習をもっと深く掘り下げたいと思います。

これから紹介する練習の目的は、筋肉をつけることでも、身体をやわらかくすることでもありません。意志の力を使って生命エネルギーを増やし、自分の内側に供給して、細胞を再充電することです。ヨガナンダは、このプロセスは「車のジェネレーターがバッテリーを充電するのとよく似ている」と述べました。

最初に、エネルギーがどのように働くかを理解しなければなりません。人の身体を流れる生命エネルギーは、5種類の「ヴァーユ」に分類されます。ヴァーユとは「エネルギーの方向」を意味する言葉です。[2]

プラーナヴァーユ——「摂取」をつかさどる。息を吸い込んだり、前進する力や霊感を得たりする。

アパナヴァーユ——「排出」をつかさどる。息を吐き出すなど、下向き・外向きの運動を制御する。

サマナヴァーユ——「吸収」「同化」「栄養の分配」「識別」「統合」をつかさどる。

ウダナヴァーユ——「成長」「形成」「発言」「表現」および上向きの運動をつかさどる。

ヴィヤナヴァーユ——「普及」と「拡大」に加え、あらゆるレベルにおける「循環」をつかさどる。

　このあとは、意志に関連する基本的なテクニックを紹介します。これらのテクニックを使えば、より多くのエネルギーを身体に取り込み、健康的で生命力にあふれた人生を送れるようになるでしょう。

　次の練習では、意識的に緊張を生み出すことが必要になります。緊張とは、意志の力を使い、エネルギーを筋肉に伝達することで生じるものです。緊張の強さは、あなたが身体のどの部分に、どれだけのエネルギーを伝えたかによって決まります。

生命力を増やすエクササイズ

1. 瞑想用の席に静かに座ります。クッションやブランケットの上であぐらをかくか、椅子に座って足を床につけるといいでしょう。
2. 背骨をまっすぐにして、深呼吸をします。ゆっくり息を吸い、ゆっくり吐き出しましょう。
3. 「みずからを再充電し、生命力をみなぎらせる」という意図を自分に向かって宣言します。自分ではなく、自分とつながっている偉大な知性、宇宙、愛といったものに向けて宣言してもかまいません。

4. ヨガナンダが説いた次のテクニックを実践します。[3]
まず、息を2回続けて強く吐き出します（1回は短く、もう1回は長く吐きましょう）。そして次は、2回続けて息を吸い込みます（こちらも1回は短く、もう1回は長く吸い込みます）。肺を空気で満たしたら、その状態を数秒間保ってください。酸素が吸収され、プラーナに変換されていきます。数秒経ったら、また2回続けて息を吐き、2回続けて吸い込みましょう。

新鮮な空気のなかで、この呼吸を朝と晩に30回ずつ繰り返してください。このシンプルなエクササイズを続ければ、あなたはこれまで以上に健康になれます。大量の生命エネルギーが体内に取り込まれ、血液中の二酸化炭素が減少し、心の平穏が生まれるのです。

5. 終わったら、座ったまま深呼吸をし、少なくとも数分間は休みます。その数分間で、第10章の「第三の目」の項目で紹介した瞑想の練習をしてもいいでしょう。

第14章

あなたは美

私たちは知性を養い、
その知性を通して、あらゆる魂と
あらゆる物質のなかにある
神の美しさを愛することを
覚えなければなりません

パラマハンサ・ヨガナンダ[1]

美についての対立する視点

私がこれまでに執筆した4冊の本は、いずれもタイトルに「美（beauty）」という言葉が入っています。美は私にとって大切なテーマです。美というものに対する私の見方は、歳とともに進化してきました。とくに、ヨガナンダの教えを人生のあらゆる面に取り入れるようになってからは、その進化は顕著なものになりました。

私の心に長いあいだとどまっているヨガナンダの言葉を紹介しましょう。

「魂が完全な存在であることに疑いの余地はありません。しかし、エゴとしての肉体と結びついてしまうと、人間の不完全さのために、魂の発現はゆがめられてしまうのです[2]**」**

まさに、ヨガナンダの言うとおりです。見た目にばかり意識を向けていると、不完全な部分がたくさん見つかります。乾燥肌にニキビに白髪と、悩みは尽きません。

私もずっと、自分の見た目に大きな不満をもっていました。自分のことを美人だと思ったことはありません。むしろ、醜くて、変わった顔をしているとばかり思っていました。また、やせすぎていることに悩むこともあれば、太りすぎていることに悩んだこともあります。世の中の多くの女性と同じように、自分の見た目について考えることは苦行にほかなりませんでした。でも**実は、苦しみは悪いものではありません。私たちは、苦しみを通じて何かを追求し、学び、成長していくものだからです。**

現代社会において、美という言葉は「比較」「対比」「競争」に結びついています。このような状況になった原因はひとことでは言えませんが、私たちの意識はいま、調和ではなく分裂に向いていています。他者との違いに目を向け、自分がいかに不十分かということばかり考えているのです。まわりの人よりも細くない、かわいくない、胸が大きくない、髪の毛が豊かじゃない……ほかにもいろいろあるでしょう。

見た目をよくしようと努力したり、いろいろな美容グッズを試してみたり、個性的なスタイルを通して自分を表現したりするのはけっして悪いことではありません。でも、見た目の美しさと「真の美しさ」を混同することだけは避けましょう。

真の美しさ

本質的には、真の美しさとは「真の自己」のことです。真の自己とはあなた自身のことなので、あなたはすでに真の美しさを備えているということになります。でも、真の美しさをじゅうぶんに発揮するためには、真の自己と深くつながらなければなりません。

ヨガナンダは、**「いまこの瞬間を静かに生き、目の前にあるすべてのものの美しさを見つめなさい」**と説いています。[3] 彼が言う「美しさ」とは、私やあなたを含むすべての人、すべての物質が秘めている「かたちのない美しさ」のことです。私たちは往々にして、目に見える部分にばかり気をとられてしまいますが、それらは「私たちは何者か」を考えるうえではささいなことなのです。

本当の魅力と美しさを備えた人とは、ありのままの自分を受け入れている人のことです。そういう人たちは、「自分には目に見えないすばらしい部分がある」と知っています。そして、「真の自己」という言葉を知っているかはともかく、間違いなく自分の内側にある本質的な部分とつながっています。自分自身と調和しているからこそ、顔立ちが整っているか、あるいは美しい化粧をしているかに関係なく、いつも自然体でいられるのです。

美という言葉について考えるとき、私の頭に浮かぶのは、ジェーン・グドール〔動物行動学者〕、アーナンダマイー・マー〔インドの聖女〕、エレノア・ルーズベルト〔アメリカ大統領フランクリン・ルーズベルトの妻〕、マヤ・アンジェロウ〔詩人、俳優で活動家〕といった女性たちです。時間と場所を超越した彼女たちの美しさは、外見とはまったく関係がありません。永遠に輝く、奥の深い、本物の美しさです。そういう美しさは、庭に植えた植物と同じように、時間とともに成長し、より人を惹きつけるようになっていきます。あなたも、そういう美しさを身につけたくありませんか？

真の美しさとは、私たちがこれまで認識してきた美しさとはまったく異なるものです。それは、かたちのない、一種のエネルギーです。あなたは純粋なエネルギーであり、あなたのなかにある美しさは、あなた自身の生命エネルギーの現れです。**あなたが美しいのは、あなたがあなたであり、内なるエネルギーが独自のかたちで現れているからなのです**。

完全に自然体でいられるとき、私たちは真の自己とつながっています。私たちの目的は、自分以外の何者かになることでも、ほかの誰かのようにふるまうことでもありません。すでに、自分の本質、すなわちスピリットとつながっているからです。スピリットがどのように現れるかは人によって異なります。あなたは世界にひとりしかいません。そして、あなたを定義づけるのは、身体の表面にあるものではなく、皮膚の内側にある、強力で、驚異的で、美しいエネルギーと輝きなのです。もちろん、外見がすてきな人はたくさんいますし、それがすばらしいことなのは否定しません。でもあなたの美しさは、見た目ではなく、あなたらしさから生まれるものなのです。

ヨガナンダは、「知恵と美と愛」[4]の道を歩むよう勧めています。彼にとっての美は、知恵や愛と同じカテゴリに属しているのです。また彼は、スピリットの「無限の美しさ」こそ真の美しさだと語っています。スピリットの美しさに目を向けると、心は愛で満たされます。すると、自分の容姿や体形を否定したり、自分のことを愚かだとか退屈だとか思ったりすることがなくなります。あなたは、自分がスピリットの美しさそのものだと理解するのです。あなたはこれまで、愛情や承認を求めるのと同じように、美しさを「手に入れる」ために努力してきたことでしょう。でも、本当に必要なのは、自分を深く掘り下げることです。あなたがずっと探してきた美しさは、自分のなかにあるのです。

焦点を移す

美しさの真実に気づくと、あなたの焦点は少しずつ別の場所に移っていきます。これは自然なことなので、とくに気にする必要はありません。私の長男の興味が、ゴミ収集車のおもちゃから多種多様な恐竜（パキケファロサウルスとかスコミムスとか）の生態に移っていったのと同じです。

実際のところ、焦点が動いても外見をまったく気にしなくなるわけではありません。しかし、外見をよくすることに長い時間をかけたりしなくなります。化粧をしたり着飾ったりすることは、もはやあなたにとっての最優先事項ではなくなるのです。代わりに、真の自己を通じて真の美しさとつながることに時間をかけはじめます。あなたは、心を落ち着けて瞑想する時間を何よりも大切にするようになります。

私自身を例に説明しましょう。私はいまでも、朝起きたら高品質のスキンケア製品を使って肌の手入れをします。できるかぎり肌をきれいに保ちたいので、スキンケアにはいっさい妥協しません。悟りへの道を進むことと、小じわや肌荒れのケアは両立できるのです。また、出かける前は化粧をしますが、以前のように長い時間はかけません。短時間ですませてすぐに家を出るようにしています。

外見への過度なこだわりが消えるのは、真の美しさとつながりはじめている証拠です。私のようにスキンケアに力を入れたり、大切な人と過ごす日に気合いを入れて化粧をしたり、おしゃれをして街を歩いたりするのが悪いと言うつもりはまったくありません。大切なのは、「うまく力を抜く」ことです。

そもそも、あなたは誰によい印象をもってもらいたいのでしょうか？　あなたには外見からはわからない美点があり、あなた自身がそのことを知っているのです。名高いスーフィー（イスラム教の神秘主義者）であるルーミーは、人々に（とくに女性に）向けてこんな言葉を残しています。

「私とは、この髪の毛のことではなく、この肌のことでもありません。内に宿る魂のことです」

私が話していることをすぐに受け入れるのはむずかしいかもしれません。とくに、批判的な人たちが多い現代社会においては、他人の目を気にしてしまうのも当然です。でも、ひとつ真実をお伝えしておきます。世界はいつでも、あなたに批判の目を向けています。それが世界であり、社会であり、他人というものです。人間は、自分のものさしで他者を判断するようにできているのです（誇れることではありませんが）。

いつの日か、全人類がより高い次元に到達し、真の自己を体現するようになれば状況は変わるかもしれません。でも、少なくとも現時点では、誰もがあなたという人間を見定め、「この人は自分の脅威になりうるだろうか？」「この人は自分の仲間になりうるだろうか？」と無意識のうちに考えています。これは、人類が何十万年も前から備えている「防衛機制」の一部です。

批判の目を向けてばかりいると、いつか多大な苦しみを味わうことになります。自分にも他人にも、もっと優しくなり、自分の尺度で判断するのをやめて、その状況を抜け出しましょう。外見に執着してしまう気持ちは私にもわかります。でも、**「自分はそのままで美しい。目の前にいる人も、テレビのなかにいる人も、ドラッグストアの列に並んでいる人も、みんなそのままで美しい」という事実をもっと意識しましょう。**そうすれば、あなたはいっそう懐の深い人になれます。これから、そのための方法を紹介します。

振り返り――自分の本当の美しさを知る

以前、私の師であるジェイ先生が、アーユルヴェーダの修行について教えてくれたことがあります。古くから伝わるアーユルヴェーダの教典『バハ・プラカーシュ』には、「毎朝、鏡を見ることを習慣にする」ことが重要だと書かれているそうです。それを聞いて、思わず心のなかでこう言ってしまいました。

「そんなの、みんなやってることじゃない」

でもやがて、鏡を見ることはとても奥が深い行為だとわかりました。本書で何度も述べたとおり、真の自己、そして真の美しさとつながるための最良の方法は瞑想です。しかし、**鏡を見ることも、魂の奥からあなた独自の美しさを引き出す効果的な練習なのです。**

たいていの人は、髪の毛を整えたり、化粧を直したりするために鏡を見ます。自分の目をじっとのぞき込むために鏡を見るという人はまずいません（習慣的にそうする人はまずいないでしょう）。

でも、時間をかけてこの練習を続ければ、自己愛が育まれ、自分への理解も深まっていきます。とくに最初のうちは、新しい発見がたくさんあるはずです。やがてあなたは、内なる愛や思いやりとつながりはじめます。そして、自分のなかでエネルギーが輝き、美しさがあふれるのを感じて、言葉にならないほど驚くはずです。

これから、そのための方法を紹介します。

1．まず、鏡を用意します。顔全体が映り、自分のすぐ近く（30～60センチの距離）に設置できるものであれば大丈夫です。卓上ミラーでもいいですし、スタンドミラーの前に座ってもかまいません。

2．前髪が顔にかからないように、髪を後ろでまとめます。鏡に映る自分の顔については何も考えないようにしてください（しわが増えたとか、ニキビができたとかいったことは、頭から追い払いましょう）。

3．内なる自分とつながります。鏡に映った自分の目をじっと見つめてください。始めた直後は、意識が鏡のなかと外を行ったり来たりしているような気になってくるかもしれませんが、それで大丈夫です。まずは右目に意識を集中し、深呼吸をします。まばたきをしすぎないよう気をつけてください。「私は守られている」「私は愛されている」と自分に言い聞かせましょう。

次に、意識を左目に移し、鏡に映った自分の左目を見つめます。深呼吸をして、身体をリラックスさせましょう。右目と左目の見え方の違いに気づいてください。一定のリズムでゆっくりと深呼吸を続け、しばらくしたらまた右目に戻ります。

最初のうちは、鏡の中の自分と対立しているような気がするかもしれませんが、とにかく、最低でも2分は続け、回数を重ねるごとに5分、10分と時間を長くしていきましょう。

これが「見る」ということです。あなたが見なければならないものは、真の自己であり、内なる光です。こんなふうに自分を見つめるのはおそらく初めてでしょう。無防備な感じがしたり、傷、痛み、むき出しの感情がわき上がってくるような気がしたりするかもしれません（私の場合もそうでした）。心にスペースを用意し、自分は守られていて、愛されていて、目に見えない美点をたくさんもっているのだと、何度も何度も自分に言い聞かせてください。あなたのなかには、驚くほど多くのものが秘められているのです。

あなたはやがて、自分に対する思いやりを感じるようになるかもしれません。自分のなかにいる「無邪気で優しい自分」とつながりはじめるかもしれません。生まれて初めて、自己愛を感じられるようになるかもしれません。あるいは、何かとつながったような感覚を得られないまま終わる可能性もあります。でも、それはそれでいいのです。大切なのは、結果と向き合い、練習を続けることです。視線が目から離れてしまったら、すぐに戻しましょう。

アーユルヴェーダの修行をしている人のなかには、毎朝、最低でも1、2回はこのエクササイズを行い、真の自己とつながってから1日を始める人もいるようです。私個人の意見としては、週に1回、少なくとも隔週に1回は行うことをお勧めします。

あるいは毎朝、数秒間だけ行うのもいいでしょう。鏡を見て、自分の目を見つめ、その先にある真の自己を意識しながら、「愛してる」と伝えましょう。あなたが自分の内なる光を愛しているのは、まぎれもない事実なのですから。

Part 3

「真の力」を解放する

第15章

あなたは惹きつける

ある人が話すと誰もが魅了されるのに、別の人が同じことを話しても誰も興味を示さないのはなぜでしょう。そこにはどんな力が作用しているのでしょうか。その秘密の力は〝磁力〟と呼ばれます

パラマハンサ・ヨガナンダ[1]

あなたの潜在的な磁力

小学校1年生のとき、私は学校の授業中に初めて磁石で遊びました。磁石を手に持って動かすと、それに合わせて別の磁石も動く——そのようすを見てとても驚いたのを覚えています。私を魅了したのは、引き合ったり反発し合ったりする現象そのものではなく、「何か目に見えないエネルギーが動いている」という事実でした。まるで魔法です。磁石を動かしているあいだ、私は魔法使いになったような気分でした。

もし磁石のように、欲しいものを自分のもとに引き寄せられるようになったらどうなるのでしょう。もう、人生において何かを〝押す〟必要も〝引く〟必要もなくなり、ストレスを感じなくてすむようになるかもしれません。ただ過ごしているだけで、すばらしい人たちや、望みどおりの状況や、願ってもない機会が近くに集まってくるのです。

これはけっして他愛もない空想ではありません。私たちはみな、みずからの人生に幸福と繁栄を引き寄せる力をもっています。簡単な練習をこなし、少しの知識を身につけるだけで、あなたは内なる〝磁力〟にアクセスできるようになります。内なる磁力が発達するにつれて、幸運、チャンス、あなたを新しいステージに引き上げてくれる人たちといった、ポジティブなものごとが集まってくるのです。

また、自分の磁力の性質を知れば、いい人やいい出来事が離れていく原因、つまり磁力と磁力の「反発」が起きる原因もわかるでしょう。ヨガナンダはこう説いています。

「魂の磁力、すなわち私たちに備わる霊的な磁力によって、人は友人や望むものを引き寄せ、深い学びを得ることができるのです」[2]

個人的な話をすると、私が磁力を通じて経験した最大の出来事は、ディーパック・チョプラとのつながりができたことです。私の3冊目の著書『ビューティー・デトックス・パワー(The Beauty Detox Power)』(未邦訳)は、私の執筆活動と仕事が哲学とスピリチュアルの方向に変化していくきっかけになった作品です。東洋と西洋の哲学を結びつけるという領域に関して、私はつねにディーパックを手本にしていました。彼の本は何冊も読んでいたので、『ビューティー・デトックス・パワー』の推薦文は彼に書いてもらうのがいちばんいいと思っていました。

私はディーパックのチームに本を送り、返事を待ちました。その後も折を見て連絡し、何度も頼み込んだ結果、ついに返事が届きました。ディーパックが私の本を気に入り、推薦文を書いてくれることになったということでした。私は感動しましたが、それ以上に、彼と私はもっと深くつながる運命なのだと思いました。私は、ディーパックと協力してどんなことができるかを考え、そのビジョンをできるだけ明確にしようと努めました（「明確化」の方法についてはのちほど説明します）。その間、私は言葉にならないほどの感謝と喜びを感じながら、日々の練習と自己鍛錬にいっそう精を出し、自分の重荷になっていた古い感情、未処理の感情を手放しつづけました。身体が軽くなり、自分自身とのつながり、そして周囲のあらゆるものごととのつながりが深まっていくのがわかりました。

それから数か月が経ったある日のことです。当時、私はニューヨークのウエストビレッジに住んでいて、ミーティングに参加するために、ウエストビレッジのアパートメントからグラマシーパークまで歩いていました。いつもならユニオンスクエアを横切る最短ルートを通るのですが、その日はなぜか、公園を迂回するルートを通りたいという衝動に駆られました。そして歩道を歩いているときに、驚くべきことが起きました。なんと、ディーパック・チョプラとばったり会ったのです！

「ディーパック！　私、キンバリーです！　私の本に推薦文を書いてくれてありがとうございます！」

私は興奮のあまり、大声でそう言ってしまいました。直接会うのは初めてでしたが、彼は驚くほど温かい人物でした。そして彼との会話は、想像していたとおりの楽しいものでした。その日は少し話をしただけでしたが、その会話がきっかけとなって、私たちはビデオをはじめとするいくつかのコンテンツで一緒に仕事をするようになりました。そして最終的に、『ラディカル・ビューティー（Radical Beauty）』（未邦訳）という本を共著で出版することになったのです。ディーパックと実際に会うまで、私は内なる磁力という概念を完全には信じていなかったかもしれません。でも、あの日以来、自分の磁力を疑うことはなくなりました。

磁石になる方法

ではこれから、真の自己の一部である〝磁力〟にアクセスする方法について説明していきます。まず、真の自己とは、あらゆる高振動の感情を体現したものです。私たちは、愛、喜び、平和、感謝といったポジティブな感情（高振動の感情）を通じて、人生に「よいもの」を引き寄せています。そして反対に、怒り、嫉妬、憎しみ、恐怖、慢性的な悲しみといったネガティブな感情（低振動の感情）を通じて、望むものを遠ざけているのです。

もしあなたが「心躍るような仕事がしたい」と言ったとしても、あなたが放出しているエネルギーがネガティブなものだったら、その夢の実現は妨げられてしまいます。ネガティブで抑圧されたエネルギーは、望むものを遠ざけ、反対に望まない人やものごとを引き寄せるからです。たとえば、新しいビジネスを立ち上げたとしましょう。もしあなたが、他者に対して批判的で、自分のものさしで判断を下してばかりいたら、あなたのエネルギーは文字どおり人々を遠ざけてしまいます。優秀なマネージャーも、スタッフも、顧客も、みんな離れていくでしょう。低振動な感情は、あなたの可能性を制限するようなエネルギーのパターンをつくり出すのです。人はつねに、自分と同じタイプのものに目を向けます。ヨガナンダはこう言いました。

「思考が不調和を起こしている人は、つねに不調和を見出すのです[3]」

あなたがいま何を考えているかはなんとなくわかります。〝高振動〟〝低振動〟といった言葉を目にして、仲のいい友達、つまり「波長が合う」友達のことを思い浮かべているのではないでしょうか。でも、振動とはそのような漠然としたものではありません。実際、振動が私たちの生活の基盤になっていることを示す研究もあります。カリフォルニア大学サンタバーバラ校の研究者たちは、神経科学、生物学、物理学の分野のデータに基づいて「意識の共鳴理論」というものを発展させました。[4]この理論は、「共鳴」（あるいは「同調」）は、人間の意識だけでなく、物理的なものの全般の核心をなす現象であると示唆しています。[5]

科学における「自発的自己組織化」という現象は、周波数が同期することを指します。数学者のスティーヴン・ストロガッツは、著書『SYNC』（早川書房）のなかで、物理学、生物学、化学、神経科学におけるさまざまな例を挙げながら、周波数が一致しはじめる「同期（synchrony）」という現象について説明しています。[6] たとえば、特定の種類のホタルが大量に集まると、互いに同期して点滅を始めるようです。[7]

カリフォルニア州のハートマス研究所は、EEG（脳波）、SCL（皮膚コンダクタンス）、ECG（心電図）、BP（血圧）、ホルモン値、心拍変動といった、さまざまな生理学的検査をもとに研究を行いました。その結果によると、ストレス過多の状態や感情が枯渇した状態（欲求不満、意気消沈など）になると、体内のほぼすべてのシステムに不調がもたらされるということです。[8]

こうした研究結果が、私たちの個人的な〝磁力〟にどうかかわってくるかを説明しましょう。

まず、感情には周波数があります。私たちは、特定の感情の抱き方を自分で調節できるのです。もしあなたが愛や喜びを感じて「明るい」気分になっているとしたら、周波数が高くなっているサインです。反対に、怒りや憎しみといったネガティブな感情を強く抱いているときは、周波数が低くなっているということです。第12章でも紹介した、精神科医のデヴィッド・ホーキンズ博士は、測定可能な科学的分析を私たちの感情にも適用しようとしました。

ホーキンズ博士は、アプライド・キネシオロジー（筋肉の強度を測定して病気を診断する手法）を用いて「意識の尺度」と呼ばれるものを開発しました[9]。簡単に説明すると、感情に対する身体の反応を測定し、それぞれの感情に点数をつけるというものです。平和、喜び、愛の点数が最も高く、恐怖、無関心、罪悪感、恥の点数は低くなりました。私たちが幸福を感じたり、満ち足りた気分になったりするのは、高得点の感情を抱いているときです。

ただし、点数の低い感情や、ネガティブな感情を抱いてはいけないということではありません。人間である以上、感情の浮き沈みを経験するのは当然のことだからです。大切なのは、両者のバランスをとることです。そしてそのために、感情を適切に処理し、解放しなければならないのです。感情を健康的に消化するようなイメージです。

ほかの研究もホーキンズ博士の理論を裏づけています。たとえば、喜び、安らぎ、思いやり、感謝を感じ、心が安定している状態なら、脳と神経系の働きが円滑になり、知覚、感情、直観、健康にもポジティブな影響がもたらされることが明らかになりました。言い換えれば、身体と脳が結びつき、よりよく働けば、気分がよくなり、パフォーマンスも向上するということです。[10]

ハートマス研究所によると、安定してポジティブな感情を抱くためには、「ポジティブな感情を積極的に自分のなかで生み出す」ことが必要なようです。[11] そして、**喜び、安らぎ、思いやりといった感情を生み出すための正当かつ長続きする方法は、瞑想を習慣にすること**です。ここまで学んできたことが、いまつながりました！

幸せそうな人を見かけたとき、あなたはこう思うかもしれません。「あの人、今日はどうしてあんなに幸せそうなんだろう？」。そして心のなかで、「宝くじにでも当たったのかな。それか婚約したのかも！」という結論を出すかもしれません。多くの人は、幸せや喜びのもとになるエネルギーは「自分の外側にあるもの」からやってくると思っています。**でも、「自己生成」された高振動の感情は、内側からやってくるのです。**新しい財布を買ったとか、他人からほめられたとか、昇給したとかいったことに頼らなくても、自分だけの力でポジティブな感情を生み出せるのだと気づきましょう。そして、そのことに気づいたら、これまでに紹介してきた瞑想法を実践してみてください。

このあとは、磁力を強化するためのエクササイズを紹介します。

磁力を発現させるエクササイズ

これから紹介するエクササイズは、パーティー、会議、デート、面接といった「磁力を発揮したい場所」に行く前に行うのがおすすめです。このエクササイズによって、周波数が極限まで高まり、望むものを引き寄せる力を発揮できるようになるでしょう。

ほんの数分のエクササイズですが、きっとあなたにとっての強力なツールになります。私の場合は、ポッドキャストを録音する前に行うことが多いです。

1. まず、手や身体、あるいは頭を軽く振ってみましょう。ネガティブな考え、ネガティブなエネルギー、その日にあった嫌なこと、いまだに重荷になっている過去の出来事を振り払うことをイメージしてください。

2. 目を閉じて、最低でも数秒間、深呼吸をします。意識を集中し、呼吸が少しずつゆっくりになるのを感じてください。

3. 次は、心臓に全神経を集中させます。次の3つの言葉を頭に浮かべてください。「愛」「安らぎ」「喜び」の3つです。そして、ヨガナンダの教えどおり、意志を使って心臓にエネルギーを送り込みましょう。3つの感情が自然に生成され、存在がはっきり感じられるまで続けます。あなたはもしかしたら、自分の人生はこれらの3つの感情から切り離されていると感じているかもしれません。もしそうなら、映画のなかで、登場人物が幸せや安らぎや喜びを感じているシーン（上品なシーンではなくてもかまいません）を思い浮かべながら、このエクササイズに取り組んでみてください。

心臓に3つの感情が集まるのを感じたら、今度はそれらが全身の細胞に広がっていくのを想像します。ダムが決壊して、川の水が四方八方に流れていくような感じです。感情の温かさが全身を満たすのを感じてください。私はいつも、白い光が広がっていく様子をイメージしています。

4. 高振動の感情が完全に行き渡ったと感じたら、手を胸の前で組み、祈りの姿勢をとって、感謝の気持ちを捧げましょう。これまでの人生を振り返り、よかったこと、記憶に残っていることについて考えましょう。何かに感謝しているときも、周波数が高まり、磁力が強まっていくのです。

これで準備ができました。あなたの周波数は最高の状態です。これからどこに出かけるとしても心配はいりません！

自由

高名な聖者やヨギには、例外なく強力な磁力が備わっていたので、信者のほうが彼らのもとに集まってきたと言われています。たとえば、クリヤ・ヨガの師として知られるラヒリ・マハサヤは、偉大なヨギであるババジからクリヤ・ヨガの奥義を伝授されました。マハサヤは、森のなかでババジの教えを受けたあと、そのままヴァーラーナシーの自宅に戻りました。

彼はその後、静かに暮らそうとしましたが、目立つようなことはしていないにもかかわらず、群衆が彼のまわりに集まるようになりました。ヨガナンダは、『あるヨギの自叙伝』にこう書いています。

「花の香りを抑えることはできません。ラヒリ・マハサヤも同じように、理想的な家長として静かに暮らしていたにもかかわらず、生来の輝きを隠すことができませんでした。インドのあらゆる地域にいる、帰依者という蜂たちが、解放された師の蜜を求めて集まってきたのです[12]」

注目すべきは、ヨガナンダが偉大な聖人を「解放された師」と呼んでいることです。自分を解放することを目標にすれば、さらなる自由と磁力を手に入れられます。自分は小さな存在で、恐怖に支配されていて、制限されているという感覚を手放しましょう。そのときあなたは、灯台のような存在になり、自由の光線を放ち、他者のために道を照らし出します。そして自然に、かつ強力に、すばらしい人々や機会を自分のもとに引き寄せはじめるのです。

磁力を強化するための実用的な練習

1. 自分の魂に語らせる

ヨガナンダはこう述べました。魂の力を最大限に発揮して話せば、人々はあなたの言葉に興味をもち、話を聞くために近づいてくるでしょう、と。「魂の力を発揮して話す」とは、誠実に、謙虚に、情熱を込めて話すということです。あなたの心の声を相手に届けましょう。

私の夫のジョンは強い磁力をもっていて、彼が話をするときは多くの人が集まってきます。その理由のひとつは、彼が〝本物〟だからだと私は思っています。ジョンはいつも、本当のことを話します。何かを隠そうとすることはありません。彼の言葉は力強く、自由なエネルギーに満ちているので、聞いている人は心からリラックスできるのです。私が主宰していたサークル（第6章でも触れました）に参加した人たちはみな、ジョンのことを「信頼できる」とか「誠実」だと言ってくれたのです。

人は、あなたの話し方やふるまいをよく見ています。内なる自分に真実を語らせるようにしましょう。そして同時に、優しさと思いやりを忘れないように気をつけましょう。そうすれば、あなたの磁力はいっそう強力になるはずです。

2. よく聞く

沈黙を埋めるためや、緊張をまぎらわすために無駄なおしゃべりをするのはやめましょう。相手の話をよく聞いて、伝えるべきことがあるときだけ話すほうが有意義です。第12章でも、〝パワーの源〟になるためには口数を減らすべきだとお伝えしましたが、〝磁力〟に関しても同じです。おしゃべりが過ぎると磁力が弱まるのです。無駄な話をするとエネルギーが浪費されます。しかも、得られるものはほとんどありません。本当に言うべきことのために、言葉をとっておく習慣をつけましょう。そうすれば、あなたが発する言葉は、より強い意味と力をもつようになります。

3．自分の内面に目を向ける

自分の内面に目を向けるにあたって、自己認識は重要な意味をもちます。本書の多くの章に「振り返り」の項目が含まれているのは、学んだことを自分の人生にあてはめる方法を知ってもらうためです。ぜひ、自分を見つめて分析することを日課にしてください。そうすることで、無意識のうちに繰り返していたパターンから脱却し、真実に続く道を歩いていけるはずです。進むべき道を歩んでいる人は、誰よりも強い磁力をもっているのです。

4．意志を用いて創造する

ヨガナンダは、「意志を用いて何かを創造するとき、その目的がなんであれ、あなたはみずからの磁力を強化している」と説いています。意志を使えば使うほど、プラーナ（生命エネルギー）が意志をコントロールするようになります。意志の強さはエネルギーの強さと等しく、当然ながら磁力の強さとも等しいのです。考えてみてください。何かを成し遂げようと懸命に生きている人と、テレビばかり見てだらだら生きている人がいたら、どちらに惹かれますか？　答えは明らかでしょう。

5．聖人や偉人の磁力を取り込む

瞑想や祈りの最中は、聖人、霊的な偉人、あるいはあなたが尊敬し、深くつながっている人のことを考え、その人たちがそばにいることを感じましょう。そうすることで、その人たちの磁力を自分のなかに取り込むことができるとヨガナンダは言います。思い浮かべるのは聖人でなくてもかまいません。霊感を与えてくれる人であれば、あなたのおばあさんでも、裁判官のルース・ギンズバーグでも、解放運動家のハリエット・タブマンでも、公民権運動家のマーティン・ルーサー・キング・ジュニアでも、思想家のラルフ・ウォルド・エマーソンでもいいのです。

家のなかに瞑想用のスペースや簡素な祭壇をつくり、そこに自分にとって大きな意味のある特別なものを集めてみましょう。その際、霊感を与えてくれる人たちの写真を飾っておくと、つねにその人たちの力を感じていられます。私の家には、ヨガナンダをはじめとするクリヤ・ヨガのヨギたち、イエス、ブッダの写真が飾ってあります。おかげで、家のなかで磁力が不足することはありません。

6. 正しい環境をつくる

環境は、エネルギーと磁力に大きな影響を与える重要な要素です。ヨガナンダは、ポジティブな人、穏やかで自分を制御できる人、自分の手本になるすばらしい資質を備えた人の近くで過ごすことを強く勧めています。また、自分が成功したいと思う分野で成功を収めている人(なおかつ誠実な人)を見つけて、その人のエネルギーに同調するのもいいでしょう。反対に、一緒にいると消耗する人、ネガティブな人、落ち込んでいる人の近くにいるのはやめましょう。大切なのは、自分のまわりにいる人の性質をつねに見極めることです。

ときには、自分を好きでいてくれる人と距離を置かなければならないときもあります。そういうとき、私は「自分のエネルギーを守れば、世のため、人のためにもっと大きな貢献ができる」と自分に言い聞かせて、愛情をもって、相手を傷つけないよう最大限の配慮をしたうえで、その人から離れるようにしています。

7. 目標を達成するためのライフスタイルを守る

実生活についても触れておきます。エネルギーを守るためには、正しい生活習慣を維持しなければなりません。たとえば食べすぎは、生命力と磁力を減少させる原因になります。必要な量だけ食べることを心がけましょう。ヘルシーで消化のいい、植物性の食品を中心に摂るといいでしょう。薬物やアルコールで身体に負担をかけてはいけません。強い意志をもたないと、仕事のあとの1杯のワイン（もちろんワインに限りませんが）が背後から近づいてきます。自分のライフスタイルは自分で管理して、バランスが崩れてきたと思ったら、きちんと調整することを心がけてください。

第16章

実践する効果的なアファメーション

誠意、確信、信念、そして直観が浸透した言葉は、強力な霊気の爆弾のようなものです。爆発すれば、困難の岩を砕き、望んだとおりの変化をもたらすのです

パラマハンサ・ヨガナンダ[1]

言葉の力

私たちはみな、強力な力をもつ創造者です。ヨガナンダの教えを学ぶにあたっては、まずはその基本原理を理解しなければなりません。真の自己は、つねに何かを創り出しているのです。創造のエネルギーを引き出す方法として、最も簡単で、最も効果的なのは、「言葉の力」を活用することです。

世界の人口が80億人に達しようとしている現在、この地球上にはかつてないほど大量の言葉があふれています。いまこの瞬間にも、ありとあらゆる場所で、何百万もの会話が交わされているのです。また、本や雑誌や映画もこれまで以上につくられているうえ、現代社会にはインターネットが存在します。インターネット上では、数えきれないほどの言葉――よい言葉も悪い言葉も含めて――が飛び交い、終わりのないサイクルを生み出しています。残念ながら、毎日、毎分のように言葉が飛び込んでくる以上、耳にする（目にする）すべての言葉を理解することは不可能です。大半の言葉は単なるノイズと化してしまいます。

「口ではなんとでも言える」というフレーズは、誰でも一度は聞いたことがあるでしょょう。たいていの場合、「何か証拠を見せてくれるまで、あなたの言うことは信じない」といったニュアンスで使われますが、このフレーズはさまざまな意味で、言葉の価値が失われてしまったことを示しています。現代人の多くは、目的もなく話し、空いたスペースを言葉で埋め、自分が何を言っているかを深く考えないまま、中身のない会話を交わしているのです。

しかし、目標を見定めて意識的に使えば、言葉は驚くほど強力な創造力を発揮します。たとえば、「愛してる」「きっとうまくいく」「あきらめてたまるか」といった言葉には、強さと美しさが秘められていて、私たちを鼓舞し、成長を後押ししてくれる効果があります。とはいえ、創造力を秘めたものが往々にしてそうであるように、言葉も諸刃の剣です。人を成長させるだけでなく、傷つけることもできるのです。たいていの人は、無意識のうちに言葉の怖さを軽視しています。言葉の怖さを知っていたら、「私は負け犬だ」「私ってほんとキモい」「どうせ、すてきな男性（女性）は私を好きになんかならない」「こんな人生、もう嫌！」などと軽々しく口にできないはずです。

言葉は、私たちの日々の現実を形づくるものです。私はこれまで、自分を否定してばかりいる成功者に会ったことはありません。ネガティブな言葉を自分に投げかけることは、混乱や苦難の種をまくのと同じです。あなたにとっての現実とは、あなたが考え、口にした言葉そのものなのです。

言葉の神話

「アファメーション」［肯定的な宣言をして願望を引き寄せること］という概念は、100年以上前から自己啓発の分野に存在します。でも残念ながら、非効率的で不十分なやり方が知られているせいで、アファメーションを誤解している人も少なくありません。

もしあなたが、何も考えずに座ったまま、感情や意図を制御することなく「私は大金持ちです」と言ったとしても、それはアファメーションではありません。自分に嘘をついて時間を無駄にしただけです。誰もあなたの言うことを信じようとは思いません。中途半端な試みは一瞬で勢いを失い、そのまま消えてしまうのです。

ほとんどの人は、アファメーションの力を最大限に発揮する方法を教わっていません。そのため、アファメーションを試してみた人は、たいてい思うような結果が得られず、サイズの合わない古い靴下を捨てるようにアファメーションを捨ててしまいます。でもそれは、自分の望みを実現するための効果的なテクニックをみすみす手放しているのと同じです。

正しいアファメーションの力

ヨガナンダは、正しいアファメーションに秘められた力について、多くの言葉を残しています。たとえば、彼はこう説きました。

「意識的なアファメーションは、潜在意識に浸透する強さをもっています。そして潜在意識は、自動的に意識に影響を与えます。（中略）より強力なアファメーションは、潜在意識のみならず、奇跡的な力の宝庫である超意識にまで届くのです[2]」

正しいアファメーションとは、いろいろな言葉を並べ立てることではありません。また、「私は健康です」と言いながら、心のなかで「本当は不健康そのものなんだけどね」と、自分の言葉を否定するのも間違っています。言葉、確固たる意志、そして強い感情を統合して初めて、アファメーションにエネルギーが生じるのです。

私の友人のダン・ビュイトナーは、アファメーションの真理を体現する存在です。ダンはナショナル・ジオグラフィックのフェローであり、健康と長寿のための機関〈ブルーゾーン〉の創設者でもあります。〈ブルーゾーン〉は、世界の5つの長寿地域について研究し、その地で暮らす人々のライフスタイルを世界中の人々やコミュニティに教えています。私は以前、「困難な目標に立ち向かうときにアファメーションを使うことはあるか」とダンに尋ねたことがあります。すると、彼は自分の話を始めました。

昔、友人と飲んでるときに「自転車でアフリカ大陸を縦断する」と宣言したことがある。だいぶテキーラが回っていたとはいえ、一種のアファメーションだ。それで、アフリカ縦断の旅について調べはじめたんだ。サハラ砂漠を横切って、赤道と平行に走りながらコンゴを通り抜けて、キリマンジャロの山頂やセレンゲティ国立公園にも立ち寄って、最後はケープタウンに下って……考えるだけでわくわくしたね。しかも、多くの人にこの話をしたんだけど、聞いているほうにも興奮が伝染するんだ。あっという間に、３人の旅の仲間と15人のスポンサーが集まったよ。こうして、ぼくらの旅はチュニジアの北端から始まった。

話はまだまだ終わらない。ぼくらは２１００マイルの距離を走ってサハラ砂漠にたどり着いた。道は途絶えて、目の前にはだだっ広い砂漠が広がってた。引き返そうと思えば引き返せるけど、もちろん進むことを選んだ。その後、なんとかコンゴに到着したんだけど、今度は食べ物がぜんぜん手に入らなくて、おまけにいろんな病気にかかる始末だった。マラリア、赤痢、腸チフス、ジアルジア症……みんなげっそりとやせて、どんどん不潔になっていって、正直、心が折れかけたよ。それでも、支えになってくれたものがある。ぼくが最初にした「宣言」だ。でも、その宣言は、気づけば新しい力をもっていた。ぼくらに期待しているスポンサーや、信じてくれる友人たちとの「約束」になってたんだ。

自分のためのアファメーションだったものが、いつしか「みんなの期待を裏切らない」という決意に変わり、ぼくら全員の背中を押してくれたわけだ。そして1993年の6月10日、ぼくたちは1万2220マイルの距離を走破して南アフリカのケープタウンに到着した。「自転車でアフリカ縦断」のギネス世界記録を樹立した瞬間だ。この話の教訓は、「盛り上がっているときの『宣言』には気をつけよう」ってことだね。

つまり、アファメーションと意志の力は自己変革につながるのです。だから、ただ言葉を並べるのではなく、本気で、強い意志と感情を込めてアファメーションを行いましょう。

ヨガナンダは、アファメーションの科学の先駆者であり、現在のようにアファメーションが広く知られるよりはるかに前から、そのテクニックを人々に説いていました。ヨガナンダは次のことを勧めています。

「アファメーションのための言葉をいくつか用意して、それらを何度も繰り返し唱えます。最初は大きな声で唱えはじめ、少しずつトーンを落としていきましょう。声が消えたあとも、そのまま舌や唇を動かさずに心のなかで唱えます。深く、安定した集中状態になるまで続けましょう。心のなかでアファメーションを続けると、あなたはさらに意識の奥へと進み、喜びと安らぎを感じはじめます。深く集中しているとき、アファメーションは潜在意識の流れに融け込み、やがて強い力となって戻ってきます。そして習慣の法則を通じて、あなたの意識に影響を及ぼすのです[3]」

これはまさに、私の友人のダンに起きたことです。ダンは、みずからのアファメーションを意識の奥に埋め込みました。その結果、彼のアファメーションは強い力をもってふたたび現れ、意思決定に影響を及ぼしたのです。アファメーションの力と、「ぜったいに約束を破らない」という意志の力が合わさって、ダンは夢をかなえることができました。あなたにも同じことができるはずです。アファメーションの始め方を次に紹介します。

アファメーションの始め方

1．明確なアファメーションの言葉を用意する

アファメーションの言葉は、一文でなくてもかまいませんが、頭のなかで何度も復唱できる長さのものでなければなりません。そして、あなたの最も深い部分にある願望につながる言葉にしましょう。自分にとって大きな価値があるものは何か、時間と集中力を注ぐに値するものは何かを考えてください。自分の価値を高めるために、「私は」から始めることをお勧めします。また、現在形の言葉にして、いまこの瞬間、あるいはこれから起きることに影響を及ぼせるようにしましょう。

以下、いくつかの例をご紹介します。

・私は仕事に燃えていて、働いているときは心から満たされています。
・私は愛です。私と同じような愛をもつ人に出会います。
・私は穏やかな人間です。
・私はこのエリアのマネージャーで、すばらしいチームを率いています。
・私は自分のファッションブランドのオーナーです。

2．アファメーションの言葉を繰り返し唱える

最初は大きな声で唱え、徐々にトーンを落としていき、声が消えるまで続けます。だいたい、1回のセッションで8回から10回ほど唱えることになります。声が消えたあとは、心のなかで繰り返しましょう。やがて深い集中状態に入り、自分が発している言葉以外のものごとが頭から消え去ります。ヨガナンダはその状態を「深く安定した連続的思考」と呼んでいます。[4]

重要なのは、自分が発している言葉を真実として受け入れ、自分の存在とその言葉を融合させることです。心を込めずに言葉を並べ立てること（ヨガナンダの言う「要求のやみくもな反復」）はしないようにしてください。正しいアファメーションを行うには、かなりの集中力が必要です。夕食に何をつくろうとか、次の締め切りをどうしようといったことは頭から追い払いましょう。

3．これは練習だということを忘れない

言うまでもないかもしれませんが、本当の意味でアファメーションと融合するには練習が必要です。

すでに述べたとおり、悩みごとが頭から離れないとき、子どもが騒いでいるとき、大量のメールに返信しなければならないとき、ニュースの音声が耳に入ってくるときにアファメーションの練習をするのは不可能です。練習は瞑想のあとに行うのがいいでしょう。必ずしも瞑想のあとでなくてもかまいませんが、せめて携帯電話を機内モードにすることは徹底してください。練習を始めると決めたら、何回か深呼吸をして、心を落ち着けます。練習を始めるのがむずかしそうだと思ったら、タイミングを待ちましょう。じゅうぶんに集中できないままアファメーションを行っても、時間を無駄にするだけだからです。

4．効果の指標になる「安らぎ」を探す

私たちが意識の奥深くに進んでいく感覚を味わっているとき、アファメーションは「超意識の領域へと入り込んでいる」とヨガナンダは述べています。

「やがて、アファメーションは無限の力とともに戻ってきて、あなたの意識に影響を及ぼし、願望を実現させるのです[5]」

心が安らぎで満ちてくるのを感じたなら、アファメーションと深く融合していると言えます。あなたの願望はやがて実現するでしょう。アファメーションが自分

の一部になり、心臓、そして全身のあらゆる細胞と一体化するのを感じてください。

5．信じて前に進む

練習を終えたら、3分ほど時間をとって（もっと長くてもかまいません）、アファメーションが自分のなかにあること、そしてスピリットが自分自身であることを感じてください。それらを感じることで、揺らぐことのない自信が手に入ります。その自信とともに1日を始めましょう。

アファメーションは、日々の生活に取り入れることができます。日課にするのがむずかしくても、ときどきアファメーションを行って、その効果を確かめてみてください。アファメーションに正しいタイミングや頻度というものはありません。でも、もし心から達成したい目標があるのなら、やはり毎日行うことをお勧めします。アファメーションによって真の力を呼び覚まし、願望を実現してください。

第17章

あなたは豊かさ

神聖なる成功の法則に従う人は、
豊かさを受け取ります

パラマハンサ・ヨガナンダ[1]

私たちの豊かな自然

私は幼少期をニューイングランドで過ごしました。秋になると、家族でバーモント州までドライブに出かけ、美しい紅葉を眺めたのを覚えています。車の後部座席の窓からは、赤や金やオレンジや紫に染められた数千本の木々が山を覆っているのが見えました。あまりの美しさに、私はただ呆然とするばかりでした。それから数年後、フィリピンの僻地を訪れたときも同じような経験をしました。車の窓から外を見ると、何キロも先まで、数えきれないほどのヤシの木が生えていたのです。このふたつの経験は、世界の壮大さと豊かさを私に教えてくれました。

少し立ち止まって周囲を見回し、そこにあるものをしっかり眺めれば、木々に限らず、あらゆるところに「豊かさ」があるとわかるでしょう。スーパーマーケットの野菜売り場を訪れ、私たちと誰かを結びつける長い道路を観察し、あらゆる生命が存在する海に飛び込み、自分のまわりにある空気を吸い込み、砂漠の砂粒を数え、世界中の銀行に預けられた数兆ドルのお金について考え、この地球上で暮らす70億以上の人々の名前を想像してみてください。

あるいは、あなた自身について考えてもいいでしょう。人間の身体がどれほどの豊かさで成り立っているかをご存じでしょうか？ あなたは10億個以上の細胞で構成されていて、それぞれの細胞は単体で活動すると同時に、あなたというひとつの存在としても活動しています。また、人体には79個の臓器があり、600以上の筋肉があり、平均5リットルの血液が循環器系を流れています。あなたは話し、歩き、踊り、歌うことができます。たとえこれらのことがうまくできなくても、動いたり、考えたり、主張したり、愛し合ったりできるのは確かです。

「豊か」とは「たくさんある」ということです。お金に限らず、愛、友情、資源、機会といった、すばらしいものに恵まれている状態のことです。それはまさに、「つねに何かを与えてくれる」という真の自己の性質と同じです。つまり、あなたは豊かさを体現する存在なのです。

豊かな存在として生きるためには、「豊かなマインドセット」をもたなければなりません。それは、自分が本来もっている創造力を自覚しながら生きるということです。もしかしたら、あなたはいま、人生において何かが不足していると思っているかもしれません。お金や愛、あるいはほかの何かに不満があるかもしれません。でも、この章を通して「豊かなマインドセット」への切り替え方を学べば、欲しいものを必要なだけ手に入れる方法がわかるでしょう。

私たちは無限の豊かさに囲まれているにもかかわらず、この世界は「必要性」と「欲求」に支配されています。これは大きな悲劇のひとつだと言えるでしょう。豊かさは私たちの生来の権利ですが、現実的には多くの人が、食べ物、水、住まい、仲間、そして愛をじゅうぶんに与えられていません。でも、豊かなマインドセットを身につけると、自分には与えられるものがたくさんあると気づきます。真の豊かさとは、思考の枠を広げ、自分が欲しいものを手に入れるだけでなく、他者のために何ができるかを知ることなのです。

信じることは見ること

とはいえ、豊かさを受け入れるのは簡単ではないでしょう。多くの人は、自分の目で見たものしか信じられません。みな、現実味のないとっぴな話や、都合のいい夢物語を本気で信じるほど暇ではないのです（私はヤシの木を例に挙げましたが、木がほとんど生えていないような場所に住む人には私の言葉は伝わらないと思います）。人々が求めているのは、具体的なデータです。私たちは、ウェブサイトのレビューを見て歯医者を選んだり、他者からお世辞を言われて自分の体形を客観視したり、統計を参考にして自分が妊娠する可能性を考えたり、現状の販売数を見て来期の売上を予想したりと、さまざまなかたちでデータを活用しています。

たしかに、何かを信じるためには目に見える事実が必要です。事実とは、土台をつくるための頑丈なレンガのようなものです。ただし、レンガの扱いには気をつけなければなりません。レンガは、美しい神殿を建てるためにも、誰かの家に投げつけて窓を割るためにも使えるからです。

また、事実やデータがすべてではありません。瞑想の練習を始めてから、私は重要な考え方を理解しました。ひとことで言えば、「信じたものは見えるようになる」というものです。

豊かさを育てるスペース

「信じてから見る」という考え方は、いささか奇妙に思えるかもしれません。真っ暗な知らない場所にひとりで取り残されたような不安や恐怖を感じる人もいるでしょう。目の前が見えない状態で何かにしがみつくのはむずかしいことです。

でも本当は、暗い空間、未知の空間は、純粋な可能性を秘めています。何もない空間は、あなたが実現させたいものごとを描く、真っ白なキャンバスになります。無限に広がり、いつでも利用できるその空間は、愛であれ、資源であれ、すばらしい人間関係であれ、健康であれ、望むものをすべて引き寄せる「豊かさの空間」です。スピリットによって創造された宇宙には、制限というものがありません。あなたが望むすべてのものが、じゅうぶんすぎるほど存在しているのです。

美しいバラを思い浮かべてください。そのバラは、最初は種のかたちで真っ暗な土のなかに埋められます。そして、土のなかでエネルギーと栄養を蓄えてから、潜在能力を発揮して暗闇の外に飛び出し、美しい完全な姿を現します。私たちも、目を閉じて瞑想するたびに暗闇のなかに入り、新たな成長を遂げる力を蓄えているのです。

豊かなマインドセットをつくる

すでに書いたとおり、豊かさは真の自己に備わる資質です。つまり、あなたの内側に存在するものです。でも、豊かさについて考えるとき、たいていの人は外に目を向けます。自分が欲しいもの、もっていないものを手に入れることこそが豊かになる方法だと信じているのです。たくさんのお金、ソウルメイト、広い家や庭、有名デザイナーが手がけた服……私たちは自分の外側に多くのものを求めます。

でも、もっていないものに目を向けてばかりいると、自分が不完全な存在に思えてきて、欲求不満や絶望感に苦しむことになります。何かが手に入らないのは、まだ手に入れるべきタイミングではないからだと覚えておきましょう。気づいている人もいるかもしれませんが、悲しい真実をお教えします。**何かを無理に引き寄せようとすると、それを遠ざける「不足のエネルギー」が生じるのです。**たとえば、靴屋を歩いているときに店員が近づいてきて、自分の売上成績を上げるためにしつこく靴を勧めてきたらどうでしょう？その靴を気に入ったかどうかに関係なく、一目散に店を飛び出したくなるはずです。あなたは靴を買えず、店員は靴を売れないという最悪の結果になってしまうのです。

すべてはエネルギーです。もし私たちが、「不足」や「不十分」のエネルギーで自分を満たしてしまうと、不足しているもの、不十分なものしか手に入らなくなります。何かを「欲しい」と言ってばかりいると、「自分はそれを欲しているのに手に入れられずにいる」という思いが強くなります。私の言っていることを信じられない人もいるかもしれません。でも、この考え方を自分のものにできたら、人生は大きく変わります。

真の豊かさを生み出す最もよい方法は、自分の内面の状態に意識を向けることです。

つまり、内側からわいてくる「豊かさ」と「充実」のエネルギーを感じ、そのエネルギ

ーを育み、自分の一部として活用することが重要なのです。豊かさを創造するには、自分がいま発しているエネルギーに集中し、自分のなかに何が入ってきていて、何が入ってきていないかを見極める必要があります。まずは、自分の思考や行動が「不足への恐れ」に基づいているのか、それとも「いずれすべてが手に入る」という信頼に基づいているのかを観察する癖をつけましょう。

もしあなたが、月々の家賃を払うのも苦しかったり、すぐに処理しなければならない請求書が山積みになっていたりする状況にあるとしたら、自分の内面に目を向ける余裕などないかもしれません。

でも、あなたには自分の人生を変える力があります。内側から手を伸ばせば、自分を持ち上げて別の場所に移動させられるのです。「私には大きな変化なんて起こせない」とあきらめている人もいるでしょう。そしてその理由は、就職難のせいだったり、お金がないせいだったり、同じ分野での競争が激しすぎるせいだったりと、人によってさまざまだと思います。

でも、そういう考え方はもうやめましょう。私はけっして、あなたやまわりの人たちが甘えていると言いたいわけではありません。ただ、「その気になれば、新しい考え方と新しい生き方を身につけて人生を大きく変えられる」と知ってほしいのです。そのためには、意志の力を使って、目の前の困難を超えた場所に目を向けなければなりません。

内なる豊かさを備えている人は、日々の生活のなかでつねに豊かさを感じ、自分の人生を信頼しています。そして、せっかちなエゴの声に従って何かを求めたりはせず、自分にとっての「しかるべき瞬間」に望むものが手に入るという確信をもって生きています。その人は、無限の幸福を信じているのです。以上が豊かさの法則です。この法則は、あなたがどんな状況に置かれているとしても、すぐに身につけられると覚えておきましょう。

ヨガナンダは、著書『光のあるところ（Where There Is Light）』（未邦訳）のなかで、この法則をみごとに言い表しています[2]。

「豊かさとは、力強く清々しい雨のようなものだと考えましょう。あなたが何を掲げるかによって、受け取るものも変わります。ブリキの缶を掲げる人は、わずかな量しか受け取れません。大きなボウルを持てば、雨水がボウルいっぱいに溜まります。あなたはいま、神の豊かさに向かって何を掲げていますか？」

豊かさは、いまここにある

豊かさは、いまこの瞬間に存在します。未来を見据えても豊かさは手に入りません。ものごとがうまくいくのか不安になり、豊かさの対極にある「不足のエネルギー」が生まれるだけです。また、過去を振り返ることも豊かさには結びつきません。過去が美化され、未来への不安が生じるからです。**豊かさとは、「いま・ここ」にしかないものなのです。**

内面を豊かな状態に保ち、自分とまわりの人が秘めている豊かさを意識すれば、世界はあなたの内なるエネルギーと調和するようになります。何かを手に入れようと躍起にならなくても、あなたは豊かさを感じられるようになるのです。信じられないかもしれませんが、これは本当のことです。

自分の内面に意識を向け、そこにある豊かさを感じ、確信と信念をもって生きれば、人生はより安らかに流れていきます。すばらしい機会、友人、人間関係、顧客があなたのもとにやってくるでしょう。もちろん、ある程度の努力は必要です。一日中パジャマ姿でYouTubeを見ていても、よい機会や仕事は回ってきません。

ただし、あなたは過剰な努力をしなくてもよくなり、過度なストレスや不安から解放されるでしょう。いまこの瞬間、自分が何を感じているかを観察してみてください。いま、あなたが感じているのは豊かさでしょうか。それとも不足のエネルギーでしょうか。

正直、私はもともと、この考え方を心から信じてはいませんでした。でも、引っ越しを検討しはじめたとき、ヨガナンダの言葉を実行に移してみようと思い立ちました。ロサンゼルスは、不動産の競争率が高いことで知られています。私たち一家が心を惹かれたのは、物件数があまりない地区でした。そこは小さな山の谷間のエリアで、街の端から30分ほど離れたところに位置しています。都会とはまったく異なる空間でありながら、その気になれば都会の恩恵も受けられるのが魅力的でした。

でもまもなく、友人たちから恐ろしい現実を教えてもらいました。いい家があったとしても、ほかの希望者に先を越されたり、現状の価格よりずっと高い金額を支払うことになったりするケースもめずらしくないというのです。私としては、入札勝負になるのは嫌でしたが、何週間もかけて10軒も20軒も家を回るのもごめんでした。そんな状況下で、私は夫のジョンにこう言いました。

「気楽に探しましょう。家なんてすぐに見つかるわ」

いま思えば、不動産市場の状況を完全に無視した宣言です。でもジョンは、「オーケー、わかった」と言ってほほえんでくれました。彼は、私の言葉を完全に信じたわけではないと思います。でも、私が何かに情熱を注いでいるときは、止めても無駄だとわかっているのです。

私はその後、自分に向けても他者に向けても「家探しなんてあっという間よ」と言いつづけました。つねにこの「アファメーション」を行い、自分のなかにわいてくる興奮をありのままに感じ、内側に意識を向け、そこにある豊かさをじっと見つめました。家探しが進展していないときも、心配や不安に囚われないよう気をつけました。

最初に見た家は、私たちのイメージとは少し違いました。次に見た家は、住むにあたってはかなりの部分を修理する必要がありそうでした。でも、3軒目でようやく理想の家と出会いました。すばらしい山の景色に囲まれていて、地面は平坦で、豊かな芝生と庭があり、ところどころに野生の植物が生い茂っています。1エーカーもの広さがあり、6本のセコイアの木と数本のオークの木、それから10本以上の果樹が生えていました。やっと夢の家が見つかった、と私は思いました。そこには、想像していた以上に豊かな自然があり、広さがあり、美しさがあったのです。

その後、2回目にその家を見に行ったとき、ジョンがうっかり携帯電話をキッチンに置き忘れてしまいました。あわてて取りに戻ったところ、オーナーのケイティとばったり会い、私は驚きました。ふつう、オーナーが物件を確認しにくることはないからです。

でもおかげで、ケイティと個人的に仲良くなることができました。私たちは、これからもうひとり子どもが生まれることと、一家でこの家に住めたらとてもうれしいということを伝えてから、価格を交渉してみました。ケイティは、私たちの要望どおりとはいかないまでも、若干の値下げに応じてくれました。もしケイティと直接会っていなかったら、価格交渉などできなかったでしょう。同じタイミングで何人かの購入希望者も現れましたが、結果的に私たちは45日後に契約を締結しました。私たちは宣言どおり、「あっという間に」夢の家を手に入れたのです。

豊かな状態になるための練習

この練習は、時間帯にかかわらず何度も繰り返すことをお勧めします。仕事中でも、子どもと遊んでいるときでも、料理をしているときでも、倉庫の整理をしているときでも、静かな時間があればすぐに始められます。やがてこの練習は、意識的に行うものではなく、あなたの生き方そのものに変わっていくはずです。

1. まずは目を閉じ、動きを止めて、気持ちを練習モードに切り替えましょう。外の世界で起きていることをいったん遮断し、内側に意識を向けてください。何も感じなくても、この時点で大きなエネルギーを感じても、気にする必要はありません。

2．次に、火をおこすようなイメージで、豊かな状態をつくり出してみましょう。内側に意識を集めれば、拡大する感覚、満たされる感覚、繁栄する感覚、豊かになる感覚を生み出せます。意志を使って、自分のなかにそれらの感覚をつくり出してください。

この練習では、何か特定のことを考える必要はありません（何かを考えたほうが感情を呼び起こしやすいなら、そうしてもかまいません）。ただひたすら、純粋な豊かさを感じることに集中しましょう。あらゆるものが豊富に存在し、解放されていて、そこにさらに多くのものが集まってくるイメージです。

少なくとも2、3分は意識を集中し、豊かな状態をつくり出してみましょう。

3．内なる豊かさを少しでも長く保持してください。目を開けて、日常の生活に戻ってからも、豊かなマインドセットを保ちましょう。多くの人にとって、豊かさの感覚は、何度も現れては消えていくものです。豊かな生き方を完全に身につけるには、悟りの境地に達するしかありません。ひとまず、ここでは現実的な話をしておきます。私たちはふつうの人間なので、感覚がぶれてしまうのはしかたたありません。だから、まずはこの練習を続け、自分の内面を何度も見つめ直してください。そして、豊かさを感じる回数が増えるほど、その豊かさが外の世界に影響を与えることも増えると信じましょう。

豊かさと感謝のつながり

感謝は、豊かなマインドセットを支える強力なエネルギーです。感謝の気持ちをもっているとき、私たちは周囲をよく見て、自分に与えられた無限の贈り物に注意を向けるようになります。それらの贈り物は、私たちを豊かさのエネルギーと結びつけてくれます。すると、人生にすばらしいものがたくさん流れ込んでくるようになるのです。

以前、ヴィーガン向けのカフェチェーン〈カフェ・グラティチュード〉の創業者、マシュー・エンゲルハートとテルス・エンゲルハート夫妻にポッドキャストでインタビューをしたことがあります。私はその日、彼らのビジネスのめざましい成長の秘訣を尋ねてみました。彼らは、最盛期には700人の従業員を抱えていたようですが、創業当初はお客さんがひとりも来ないこともめずらしくなかったようです。それでも夫妻は、1ドルの売上、ひとりのお客さんへの感謝の気持ちを大切にしながら営業を続けました。カフェの名前のとおり、彼らの日々の生活は感謝（グラティチュード）によって成り立っていました。そして、感謝が彼らのビジネスを成長させ、成功へと導いたのです。

あなたが次から次へと新しいことに手を出し、いま手元にあるものへの感謝の気持ちを忘れていたとしたら、大きな成功を収めることはできないでしょう。なぜなら、豊かさのエネルギーとつながっていないからです。

私がこれまでに会った人のなかには、多額の資産、愛する家族、すばらしい友人、そしてほかの多くのものに恵まれている人たちがいました（たぶん、あなたの知り合いにもそういう人がいるでしょう）。でも、全員が「豊か」だったわけではありません。自分がもっているものと向き合い、感謝をしていない人がたくさんいたのです。そういう人は、つねに不足のエネルギーを感じています。いまこの瞬間の幸せに気づけず、自分の外側にばかり目を向け、幸せになるために「必要」なものを探しつづけているのです。残念ながら、そういう人たちが真の幸せや真の満足感を得ることはありません。この先もずっと、不足感を抱えたまま落ち着きのない日々を送るしかないのです。

あなたは、そういう人にはなりたくないはずです。ここで、ヨガナンダの教えを紹介しておきましょう。

「酔っ払った王子が、自分が何者かをすっかり忘れたままスラム街に行き、『私はなんて貧しい人間なんだ』と嘆いたとしたら、まわりの人たちは笑ってこう言うでしょう。『目を覚ましてください。あなたは王子様じゃありませんか[3]』」

振り返り――いまこの瞬間に感謝する

まずは一息ついて、日記を取り出します。そして、あなたが感謝しているすべてのものをリストアップしてください。たとえ、いまの人生が満足いくものではないとしても、感謝すべきものがたくさんあるということを自覚しましょう。睡眠をとるためのベッドやソファ、星、太陽、友情、毎日の歩みを支えてくれる力強い足、希望や夢をもつ能力……ほかにもいろいろあると思います。

そのリストを見れば、自分の人生がどれほどすばらしいもので満ちているかがわかるはずです。日々の生活が単調に思えたり、何かが足りないような気分になったりしたら、日記を取り出してリストを眺めるようにしましょう。そして、定期的にリストを更新してください（私もそうしています）。私はこの練習がとても好きです。

心は私たちを振りまわし、何かが足りないような気分にさせるものです。でも、この練習を行えば、自分がどれほど豊かなものに囲まれているかを実感し、それらのものごとと結びつくことができるのです。

勇気をもって想像する

どこまでも深く充実した愛、絶えず続く繁栄、完璧な健康、夢のような毎日――どんなかたちであれ、豊かさを手に入れたいのであれば、それらが実現可能なものだと信じなければなりません。心のなかで、そして魂のなかで本気で信じられないのであれば、その願望がかなうことはないでしょう。

ハーバード大学のある研究チームは、ピアノを弾いたことがないボランティアの人々を集め、ふたつのグループに分けました。一方のグループは、5日間かけて、1日に2時間ずつ簡単な運指の練習をしてもらいました。もう一方のグループは、ピアノを弾くための練習はいっさいさせず、ただピアノの前に座っている自分をイメージしてもらいました。その後、実験の前と後の脳のスキャン画像を比較したところ、どちらのグループの被験者も、指の動きを制御する部位に、新しい神経回路と新しい神経プログラムがつくられたことが判明しました。実に驚くべき結果です。つまり後者のグループは、「思考」によって脳に変化を起こしたのです。[4] この実験が示唆しているのは、明確かつ一貫性をもって目標について考えれば、身体と人生も変化しはじめるということです。

つまり、明確なビジョンをもって信じれば、私たちのなかにある豊かな可能性が引き出され、奇跡を生み出せるのです。重要なのは、自分が何をつくり出したいかをできるだけ具体化することと、第11章で説明したように、これから現れるかもしれないすべてのものに対してオープンでいることです。宇宙は、私たちの想像をはるかに超えた大きな機会を与えてくれているのかもしれません。オープンな態度を崩さず、何が起きても受け入れられるようにしておきましょう。

信念と自信

現在のあなたの状況をつくり出したのは、あなたの思考にほかなりません。そのため、思考そのものを変えないかぎり、人生をより豊かなものにすることはできないのです。

イエスは、『マルコによる福音書』のなかで次のように述べています。

「ですから、あなたがたに言っておきます。あなたが何を望んで祈りを捧げるとしても、望むものはすでに受け取ったと信じるようにしなさい。そうすれば、そのとおりになるでしょう」

この一節のポイントは、「受け取る前に信じる」ということです。望みがかなう前に、まず望みを具体化することが重要なのです。

ヨガナンダの教えにも次のようなものがあります。

「自分の願いが実現する可能性を信じなさい」[5]

人生において何かを創造したいのであれば、それが実際にかたちになる前に、それをつくり出す能力が自分にあることを信じましょう。肉体的な癒しであれ、新しい人間関係であれ、友情の修復であれ、新しい車であれ、休暇であれ、請求書の支払いのためのお金であれ、なんだって同じです。あなた自身が、その望みをかなえられると本気で信じていなければ、いくら努力を重ねても正しいエネルギーは生まれないでしょう。また、あなたが疑いをもったまま努力をしていたら、疑わしい結果が待っているのは間違いありません。

もしかしたら、こんな疑問をもつ人もいるかもしれません。

「たしかに、信じることはできます。でも、望みをかなえるためには、困難を乗り越えないといけないんじゃないですか？」

それについては、私の答えはシンプルです。

「ええ、当然です」

信じるというのは、完璧に舗装されたきれいな道を期待することではありません。努力をする人は、でこぼこ道や障害を避けては通れないのです。

ただし、恐れる必要はまったくありません。意志の力があれば、ダイナマイトを爆発させ、あらゆる障害を吹き飛ばし、道をきれいにすることができます（もちろん比喩的な意味です）。あなたは、内なる強さと知性の力を借りることができます。また、信念と豊かさをもって生きていれば、味方になってくれる人たちがちょうどいいタイミングでやってきて、忠告し、手助けし、支えになってくれるはずです。やがてあなたは、自分の本質は乏しさではなく豊かさだと気づくでしょう。

豊かに生きるための実用的なステップ

1．豊かなマインドセットを意識する

豊かさのエネルギーが不足しているか、それとも満たされているかを確認するために、豊かなマインドセットを意識してください。つねに豊かな状態でいられる

ように、「豊かな状態になるための練習」を繰り返し行いましょう。

2．つねに感謝の気持ちをもつ

感謝の気持ちをもてばもつほど、内なる豊かさとつながり、人生がすばらしいものであふれていきます。だから、大きなことにも小さなことにも、できるかぎり頻繁に感謝するようにしましょう。そして、それによって人生がどれほど豊かになっていくかを観察してみてください。

3．疑いを消し去る

努力がなかなか実らなくても、落胆したり疑念を抱いたりしてはいけません。もちろん、進路を少し調整するぐらいはかまいませんが、立ち止まったり、努力をやめたりしてはいけません。内なる豊かさを信じて前に進みつづけましょう。高次の知性というのは、私たちの想像を超えた計画を立てることもあります。だから、一見うまくいっていないように思えても、少しあとで予想以上の成果を得られる場合もめずらしくありません。集中力を切らさずに、一歩一歩進んでください。

4．小さな行動で自信をつける

スタンフォード大学行動デザイン研究所の創設者兼所長、B・J・フォッグは、大きな目標を「一口サイズ」の行動に分割することで、劇的かつ長期的な変化を起こせることを発見しました。[6]

たとえば、簡単なリサーチをしたり、本を読んだりといった小さな行動を起こすだけでも、目的を打ち立て、強化することにつながります。そして、小さな行動で学んだことを活かすようにすれば、さらなる自信がつくのです。

赤ちゃんが初めて歩く瞬間を見たことがある人なら、立ち上がって、最初の一歩を踏み出すのにどれほどの勇気が必要かがわかるでしょう。赤ちゃんはジャンプしようとはしません。小さな一歩を踏み出すだけです。そしてその一歩のなかで、強さと集中力と信頼を築き上げるのです。このように、赤ちゃんから学べることは少なくありません。

第18章

実践する
マントラを唱える

内なる宝を手に入れられれば、
それを外に供給する方法が
つねに手元にあるとわかるでしょう

パラマハンサ・ヨガナンダ[1]

マントラとは何か？

マントラとは何でしょうか。なぜマントラが重要なのでしょうか。マントラは、サンスクリット語で「心の道具」という意味です。神聖な音が、単語や節、格言、祈り、讃美歌などのかたちをとったものをマントラと呼ぶのです。この神聖な「道具」は、真の自己と効果的につながるのに役立ちます。

私たちの心は、放っておくと激しく暴れ出す傾向があります。たとえるなら、気性の荒い馬のようなものです。自分のためにも、どこかで踏みつけられるかもしれない他の人のためにも、しっかりと手綱を握っておかなければなりません。私たちが自由に扱える道具のなかで最も重要なのはマントラです。マントラを使えば、心を集中させ、耳に入ってくるノイズを遮断することができるのです。

ヨガナンダは、**「音と振動は宇宙で最も強い力です」**[2]と説き、瞑想を始める前の準備として、あるいは神聖な歌のなかでマントラを活用することを人々に勧めました。ヨガナンダは、歌に関する本も執筆しています。そのなかで彼はこう述べています。

「音楽は神聖な芸術であり、ただ楽しむためだけでなく、神の実現のための道として用い

なければなりません。信仰心のこもった歌から生じる振動は、宇宙の振動、すなわち神の言葉と同調するでしょう」[3]

「ジャパ」とは、ヴェーダ時代に生み出された古代ヨガの修行法で、マントラや神の名前を繰り返し唱えるものです（大きな声を出す場合もあれば、静かに行う場合もあります）。唱えるマントラは、一語のものでも、複数の語から成り立つ言葉でもかまいません。重要なのは、サンスクリット語で「繰り返しの練習」を意味する「アビヤーサ」です。日々、ジャパを実践し、瞑想を繰り返すことで、私たちは心やエネルギーを一点に集中させられるようになるのです。またジャパは、ヒンドゥー教、仏教、ジャイナ教、シーク教などの東洋の修行法だと思われがちですが、キリスト教の「ロザリオの祈り」もジャパの一種ですし、イスラム教やユダヤ教でもジャパは使われています。

ヨガナンダとヨギたちの詠唱の言葉は、ジャパと深く結びついています。つまり、繰り返しの言葉がいくつも見られるのです。まるで、歌のサビが頭から離れなくなって、何度も同じ部分を口ずさんでいるかのようです。でも、ジャパにおけるマントラとは、まさにそういう状態です。同じ言葉を繰り返し唱えていると、マントラはすぐに自分のものになります。ヨガナンダはこう言いました。

「潜在意識における反復行為によって、超意識が少しずつ目覚めていき、やがて神を知覚

できるようになります。詠唱が潜在意識に移行し、超意識を目覚めさせ、『神聖なる存在』へと導いてくれるまで、私たちは詠唱を続け、より深い場所に降りていかなければならないのです[4]**」**

マントラとは本来、自分をより深く理解し、心を鎮めるために使うものです。本当の意味でマントラを使いこなしたいなら、ヨガナンダが何度も強調しているように、意志の力を使ってエネルギーを集中させなければなりません。たとえば、「平和（ピース）」というマントラを繰り返し唱えたとしましょう。深く集中できていれば、あなたは少しずつ安らかな気分になっていくはずです。でも、「今日のディナーにはどのバッグを持っていこう」とか「あの人になんてメールを書こう」といったことを考えながら、漠然と口だけ動かしていたら、変化など起きるはずがないのです。

マントラを唱えるときも、瞑想の練習をするときも、ほかの何かをするときであっても、それに対して全神経を集中させることを心がけましょう。ヨガナンダも、人々に向かってこう説きました。

「必死に努力しているように見えるのに、健康やお金を手に入れられない人がいるのはなぜだかわかりますか？　第一に、ほとんどの人が、何かに全力で取り組もうとしていないからです。自分がもっている集中力の10分の1程度しか使っていないのです[5]**」**

私たちは、まだまだ集中力を持て余しています。集中力を最大限に発揮すれば、望みをかなえ、安らかで喜びに満ちた人生を手に入れられるでしょう。

マントラを扱うためのヒント

1. 自分の目的に合ったマントラを選ぶ

日々の瞑想の時間は、「平和（ピース）」や「シャンティ」（サンスクリット語で「平和」の意）といったマントラを唱えるのがおすすめです。あるいは、「喜び」「愛」「信念」といった、自分が求めている言葉を選ぶのもいいでしょう。

困難に直面したときや、何かを実現したいときにもマントラは役立ちます。

たとえば、子どもをつくろうと決めたとき、ジョンと私はアーユルヴェーダの先生から教えてもらった「健康的な妊娠のためのマントラ」を唱えました（現在、私はオンラインで多くの人にこれを紹介しています）。そのマントラは大きな効果を発揮しました。おかげで、娘のモーゼズはいまこうして私たちと一緒にいるのです。

2. マントラを唱えながら集中力を引き出す／繰り返し唱える

マントラもアファメーションと同じで、集中し、信念をもち、本気で取り組まなければ真の力が発揮されません。前にも書いたように、「受け取る前に信じる」ことが重要です。マントラを唱えながら自分を掘り下げ、さらなる集中力を引き出すことを心がけましょう。

マントラは、最初は大きい声で唱え、だんだん声を小さくしていき、最後は心のなかで唱えましょう（声を出せない環境にいるときは、最初から心のなかで唱えても大丈夫です）。繰り返しがエネルギーを生むということを心に留め、何度も何度も唱えてください。続けることで、マントラにあなたの真の力が宿りはじめます。

3. 音楽を通じてマントラを生活に取り入れる

10年前、私はインディー・ロックが大好きでした。でもいまは、たいていキルタンばかり聴いています。キルタンは、いわゆるコール・アンド・レスポンス形式の音楽で、マントラが重要な役割を果たしています。私はサンスクリット語が完璧に理解できるわけではありませんが、歌詞以上に音と振動が好きなのです。キルタンを聴くと、活力がわいてくるのを感じます。ぜひあなたも、キルタンを聴きながら、あるいは鐘やドラム（ガラス製のボウルでも大丈夫です）を鳴らしながら、マントラを唱えてみてください。

4．おすすめのマントラ

西洋にヨガを広めるにあたって、ヨガナンダが最も重視したことのひとつは「わかりやすさ」です。そのため彼は、複雑で発音がむずかしいサンスクリット語のマントラを教えようとはしませんでした。でもやはり、ヨガの歴史をふまえると、ここでサンスクリット語のマントラをいくつか（それと仏教のマントラをひとつ）紹介しておくべきだと思います。興味のある人はぜひ原語のまま覚えてみてください。マントラは無数にありますが、なかでも強力なのは次のものです。

オーム（Aum）――万物にとっての聖なる音。この世のすべて。

オーム・ナマ・シヴァーヤ（Om Namah Shivaya）――「内なる光に屈する」「究極の自己に屈する」の意。

ハレー・クリシュナ（Hare Krishna）――クリシュナは「愛の神様」として知られ

る。「すべてのものは愛であり、すべての場所に愛がある」の意。

アハム・プレマ（Aham-Prema）――「私は神の愛」の意。

オム・マニ・ペメ・フム（Om Mani Padme Hum）――チベット仏教徒のマントラ。「蓮華の宝珠よ幸いあれ」の意。チベット語で「チェンレシー」と呼ばれる、慈愛に満ちた状態に達するのを助ける言葉だと信じられている。

第19章

あなたは創造

すべての人間には、
これまで存在しなかったものを
新たに創造する力が備わっています

パラマハンサ・ヨガナンダ[1]

あなたは何かを創造するために生まれてきた

あなたは、人生において何かをつくりたいと思ったことはありますか？ 新しいアプリでも、子どもたちに環境保護への取り組み方を教える本でも、画期的な料理のレシピでも、なんでもかまいません。ウェブサイトを立ち上げたいとか、他社とパートナーシップを締結したいとか、フラワーショップを開業したいとか、愛する人を見つけて一緒に生きていきたいとか、さらには立派な母親や父親になりたいといったことも、何かを「つくる」ことに含まれます。

そうした願望が生まれるのは、私たちが「創造者」であることの証拠です。人はみな、自分の望むものごとや状況をつくり出したいと思っているのです。何かをつくり出せないとき、私たちは停滞し、落ち込み、物足りない気持ちになります。

あなたは創造者であり、あらゆるものを形づくる神聖な創造の魂を秘めています。あなたの目的は何かをつくることです。つまり、スピリットの力を適切に扱えば、すばらしい人生をつくり上げられるのです。

創造性は、私たちのＤＮＡに組み込まれた生来の資質です。創造性と聞くと、芸術的なことを連想してしまうかもしれませんが、ここでいう創造性とは「何かを思い描き、それを実現する能力」のことです。信じようと信じまいと、あなたがみずからの人生の共同創造者なのは間違いありません。家も、家族も、収入も、個性も、人間関係も、仕事も、今日という1日も、あなたが自分でつくっているのです。

私たちの目に映るあらゆるものの根底には「思考」があります。ヨガナンダも「思考こそがすべて」だと述べました。

「思考はあらゆる創造物の基盤です。思考がすべてをつくり出したのです。その真理を胸の内に留めておけば、どんな思考であってもかたちにできるでしょう[2]」

ヨギたちは、あらゆる創造物と自然は「スピリットの思考」から生まれると考えています。そしてスピリットは、私たちのなかに真の自己として存在しています。つまり、私たちには「すべてを創造する力」が備わっているのです。あなたにも、大成功するビジネス、幸せな家庭、莫大な資産、本物の内なる平和といった、驚くほど壮大なものを創造できるでしょう。

物乞いをして創造するか、真の自己として創造するか

自己啓発の分野では、幻想に囚われている状態から抜け出すことは「覚醒」や「目覚

め」という言葉で表されます。一般的に、睡眠とは「ベッドに横になって目を閉じて眠ること」だと考えられていますが、実は、起きて活動しながら眠っている人もいます。まるで夢遊病患者のように、自分が何者かもわからないまま世の中をさまよっているのです。

自分が何者かを知り、真の力を解放するには、自分のなかにある「神聖な知性」、すなわち真の自己に従って行動しなければなりません。

自分の表面的な部分にばかり目を向け、しょっちゅう自信をなくしたり、劣等感を抱えたりしていると、真の自己とのつながりが絶たれてしまいます。すると、生まれながらに備わっている創造力も消え去ります。

次のふたつの状況を思い浮かべてみてください。ひとつは、家族みんなで食卓についている状況です。食べ物を順番に回して、全員が好きなものを好きなだけ食べられます。もうひとつは、道路に座り込んで、誰かがパンくずを投げ入れてくれるのを待っている状況です。

もしあなたが、「真の自己」に目を向けているなら、家族と一緒にテーブルに座っているのと同じです。目の前には、食べきれないほどのごちそうが並んでいます。でも、エゴに目を向けているなら、あなたは道路に座り込んで物乞いをしているのと同じです。これから先も、けっして満たされることはないでしょう。

私の友人の女性を例に挙げましょう。ここでは、彼女のことは仮にサラと呼びます。サラは知的で美しく、自分の会社を経営していて、情熱的に日々を過ごしています。旅行に出かけたり、新しいことを経験したりするのにも積極的です。でも、サラにはソウルメイトと呼べるようなパートナーがいません。私が彼女と知り合ったのは10年ほど前ですが、恋人と長く続いているという話は聞いたことがありません。彼女はビジネスにおいては絶対の自信をもっていますが、恋愛に関してはそうではなく、自尊心の低さと満たされない気持ちに悩んでいます。恋愛において、サラは物乞いをしているような状態なのです。

ヨガナンダは、**神に助けを乞うのは自分を制限する行為だと述べています。だから、私たちに必要なのは、自分のなかに真の自己が存在し、望むものをすべて与えてくれるという信念をもつことです**。あなたも私も、ほかの人たちも、みなスピリットと、つまり真の自己とつながっているのです。

この考え方を受け入れないと、さまざまな場面で問題が生じます。物乞いをした経験も、ごちそうをお腹いっぱい食べた経験もある私に言わせれば、「自分はスピリットと一体である」という考え方は最初から身についているものではありません。もしあなたが、空のどこかに神様がいると教わったまま今日まで生きてきたのなら、考え方を変える必要があります。目線を外側から内側へと転換するのです。

悟りの境地に達した聖者たちはこのような言葉を残しています。

「もしあなたが神の子なら、自分に力があること、自分が創造者であること、自分が創造するものはもともと自分に与えられたものだということをすでに知っています」

あなたはもう、誰かに何かを懇願したり、卑屈な態度をとったりする必要はありません。その気になれば、自分の神聖な場所から望むものを取り戻せるからです。ヨガナンダはこう説いています。

「他人に何かを乞うのはやめなさい。あなたは物乞いではありません。あなたは神の子であり、神が所有するすべてのものを生まれながらに持っているのです」

まずはスピリットと一体化する

では、私たちは何にエネルギーを注げばよいのでしょう。どうすれば、何をつくり出すかを決められるのでしょうか。ヨガナンダをはじめ、多くのスピリチュアルの指導者たちは、「まずはスピリットを見つけなさい」と説いています。私たちが何より優先すべきは、みずからの意志をスピリットの意志と一致させることだと彼らは言います。自分のアイデンティティを真の自己と結びつけることで、「真の欲望」をかなえるための無限の力を手に入れられるでしょう。すると、高揚感と意欲がわいてきて、愛と完全性と壮大さのために生きていけるのです。

ここで、「真の欲望」とはどういうものかを考えてみましょう。たとえば、あなたがいま、新しい車の購入を検討しているとします。車を買うにあたって、あなたが本当に求めているものはなんでしょうか。壊れにくい車を所有することで生じる安心感でしょうか。あるいは、かっこいい車を乗りまわして優越感に浸ることでしょうか。どちらも理由としてはおかしくありません。でも、自分では気づいていないかもしれませんが、あなたが本当に求めているのは「他人から評価されること」なのです。他人の目を気にするのが悪いことだと言うつもりはありませんが、「正しい選択をすれば誰もが自分を認めてくれる」と考えるのは危険です。すべての人から高い評価をもらうことは不可能だと覚えておきましょう。どれだけ頑丈でかっこいい車を手に入れたとしても、その車が嫌いな人は必ずいるのです。

でも、自分の意志とスピリットの意志を一致させられれば、どの車を買っても満足できます。あなたはもう、車の素材を気にしたり、他人の顔色をうかがったりする必要はありません。自分のなかにある愛と安定性をつねに感じられるからです。

わかりやすく言えば、スピリットをピラミッドの頂点に置き、その下に自分の欲望を置けばいいということです。そうすれば、真の自己の力が発揮され、あなたの欲望は最も有益なかたちで実現するはずです。もう、スポーツカーやミニバンにこだわる必要はなくなり、どんな車に乗っていても幸福を感じられるでしょう。スピリットが、あなたに必要なものを適切なタイミングで提供してくれると知っているからです。とはいえ、その境地に達するまでには時間がかかります。まずは、自分の欲望を切り離し、思いきって手放す方法を覚えていきましょう。欲望の手放し方を身につければ、何をするにおいても、より大きな幸福と満足感を手に入れられます。

ただし、欲望を手放すことと、無気力のまま生きることは同じではありません。

ヨガナンダは、古代インドの聖典『バガヴァッド・ギーター』の解説のなかで次のように説いています。

「無欲に生きることは、大望をもたずに生きることではありません。執着心を捨て、崇高で高尚な目標に向かって努力することです[3]」

ヨガナンダは基本的に、「日々の修行や、真の自己との調和を妨げないのであれば、欲望をもつのは悪いことではない」と考えました。重要なのはバランスです。真の自己と調和するために練習を続ければ、私たちの欲望は自然に変化していくかもしれません。

よいものも悪いものも創造する

最初に言っておきたいことがあります。この宇宙は、あなたが心に決めたことが「いいことか悪いことか」なんて気にしていません。あなたが何を創造しようと、宇宙からすればどうでもいいことなのです。あなたの頭のなかが、仕事を失うことへの恐怖や、愛する人を疑う気持ちでいっぱいになっているとしたら、その考えは遅かれ早かれ現実のものになるでしょう。何度も述べたとおり、あなたには力があります。自分を卑下したり、自分の容姿を笑いの種にしたり、仕事や恋愛の成功を遠ざけるような発言をしたりしていると、本当にそのとおりになってしまいます。あなたは自分の人生の創造者なのです。恐怖や不満を人生の中心に置いているのなら、いますぐつくり変えましょう。心にネガティブなゴミが溜まっているのは、玄関がゴミまみれなのと同じです。いくら掃除しても、外から帰ってくるたびに部屋は汚れてしまいますし、靴をきれいにするのも一苦労です。

創造性はよい方向に使いましょう。ものごとがよい方向に進むこと、目の前に最良の選択肢があること、偉大な愛がすぐそばまで近づいてきていることを信じてください。「自分に都合のいいように考えなさい」と言っているのではありません。重要なのは、真の自己を信じれば、望むものが自然に現れると理解することです。

人生の経験で本当に大事なのは、ものを手に入れることではなく、真の自己の本当の価値を知ることにあります。真の自己は、私たちが思っている以上の力をもっています。何かのきっかけで、自分では想像したことがないほどの力を発揮できた経験はないでしょうか。それは、真の自己の力が解放された証拠です。そして、その力を使えば、私たちは驚くほど大きなものを創造できるのです。ヨガナンダの言葉を借りるなら、**「自己実現とは、みずからの肉体、精神、魂が、あまねく存在する神と一体だと知ることです。私たちは、いままでもこれからも神の一部です。私たちがすべきことは、その理解を深めることだけなのです**[4]**」**。

この言葉をつねに頭に置けば、何かを創造するのが容易になります。あなたは偉大な創造力をもつスピリットと一体なのです。だから、そのつもりで行動してください。

創造の魔法

生まれ持った才能とつながると、人の創造力は爆発的に増加します。壮大なもの、魔法のようなもの、ほかの誰にもまねできないものをつくり出せるようになるのです。そしてそのとき、ヨガナンダのこの言葉の真意を理解するでしょう。

「人生を平凡なまま終わらせてはなりません。誰も成し遂げたことがないこと、世界を驚嘆させるようなことをしなさい。神の創造の原理があなたのなかで働いていることを示すのです[5]**」**

人はみな、他人にはまねできない唯一無二の要素をもっています。そういう意味で、私たちはそれぞれ特別な存在なのです。誰かが自分に取って代わるのではないかと心配する必要はありません。なぜなら、他人を完璧にまねることは誰にもできないからです。同じ仕事をしても、同じアイデアに基づいて行動しても、そこには一人ひとりの個性が表れます。同じレシピをもとに料理をつくっても、つくった人によって微妙に味が違うのはそのためです。料理において最も重要な材料は、シェフだと言ってもいいでしょう。自分だけに備わった才能を引き出せるかどうかはあなたしだいです。ヨガナンダは、自分を自分たらしめている「傾向」を認識することが大切だと述べています。

自分の傾向に基づいて何かを創造することは、みずからのスピリットを表現し、他者と自分を成長させる行為です。そして、そのような創造をするために、私たちはこうして存在しているのです。また、自分の傾向に従って創造することで、あなたの計画やアイデアが実現する可能性が高まります。なぜなら、そうした創造のプロセスには「真の魔法」が隠れているからです。真の自己の力を発揮すれば、考えうる最高のものをつくり出すことができます。その創造物の商業的な価値やスケールの大きさに関係なく、あなたは心からの自信をもてるでしょう。そこにはあなたの魂が宿っています。あなただけが世界に与えられるすばらしい贈り物なのです。

まずは、自分の内側にある「高次の知性」にアクセスし、その知性に従って創造することを覚えましょう。それによって初めて、みずからの潜在意識のなかにある偉大なアイデアを引き出せるようになります。人生に「静止」と「静寂」のためのスペースが必要なのはこのためです。大きな仕事を始めるときは、瞑想を行って「内側」に入り込み、それから「外」に向かって創造力を解き放ちましょう。ヨガナンダもこう述べています。

「重要な仕事に取りかかる前は、静かに座り、感覚と思考を鎮め、深い瞑想状態に入りましょう。やがて、スピリットの偉大なる創造力があなたを導いてくれます[6]**」**

世の中には、お金をたくさん稼いでいるのに幸せになれない人たちがいます。私はそういう人を何人も知っていますし、あなたにも思い当たる人がいることでしょう。彼らは、自分がしていることに向いていないのです。みんな、休みなく働き、不満を抱え込み、仕事終わりのお酒で気をまぎらわしています。たしかに、お金を稼ぐことは大切です。でも、本書を読んでいるあなたは、お金よりも価値のある〝何か〟を生み出したいと思っているはずです。

定量から定性へ

あなたの内側にあるスピリットとエネルギーの特徴を言葉で表すことはできません。でも、外から見た自分の性質を言葉にすることは重要です。その試みによって、言葉に芯が通り、人間関係が豊かになり、アイデアが現実のものになり、運命を切り開く力が強化されていきます。自分の性質を表す語彙を増やすことで、私たちはさらなる成長を遂げられるのです。人の性質を表す形容詞をいくつか紹介しましょう。

温厚　思慮深い　穏やか
親切　思いやりがある　心が広い
愛情深い　陽気　器が大きい

自分の性質を言語化すれば、自分の内なる特徴がどのように変換され、どのようなかたちで外に表れているかが理解できます。やがて、自分の才能を最も効果的に使う道筋が見えてくるでしょう。これから、いくつかの例を紹介します。

1．あなたはお年寄りに優しくするすべを知っている。

2．あなたは、子どもに楽譜を読ませるために画期的な方法を考え出した。

3．あなたは鋭い色彩感覚をもっていて、映画のスタジオでメーキャップアーティストとして活躍している。

4．あなたは、身体を鍛えている人と親密になり、相手のモチベーションを上げ、刺激を与える才能に恵まれている。そして、その才能を活かして新しいタイプのフィットネス・プログラムを考案し、スタッフの育成に力を注ぐことにした。

5．あなたには大局を見渡し、それぞれのチームが何をすべきかを把握する能力がある。そして、その能力を活かして優秀なプロジェクトマネージャーとして活躍している。

振り返り――エネルギーにかたちを与える（1）

以下の質問に対する答えを日記に書き出してみましょう。

1. まわりの人は、あなたの「長所」はどんなところだと言ってくれますか？

2. あなたの得意なことはなんですか？　思いついたことをすべて書き出してください。小さなことでかまいません。以下にいくつか例を挙げます。

・いつでも家をきれいにしておける。
・気難しい人とも仲良くできる。
・多くの人を自分の話に引き込める。
・人間関係に困ったときに、まわりの人からアドバイスをもらえる。
・どんなに複雑なことでも、わかりやすく嚙み砕いてほかの人に説明できる。
・どんな植物でも育てられる。
・冷蔵庫の余り物を使っておいしい食事をつくれる。

ほかにも何か思いついたら、どんどん書き足していきましょう。

心の導きに従う

情熱は創造のためのツールであり、直観のひとつのかたちです。情熱を感じたとき、私たちの身体と心は大いなる力の存在を理解します。正しい決断を下し、才能と意志の力を発揮するには、その力が不可欠です。情熱とは、私たちの内側で燃える炎のようなものです。情熱の炎をしっかりと見つめれば、自分のエネルギーが最も強力になる場所と、エネルギーの最も効果的な使い方がわかります。また、情熱はインスピレーションとも関連しています。インスピレーションが降りてきたのなら、スピリットの真の力が発揮された証拠です。

心理学においては、情熱とは「一般に重要だと思われるものに対する強い欲求」と定義されています。ケベック大学の心理学教授でモチベーションプロセスの専門家、ロバート・ヴァレランをはじめとする研究者たちは、情熱には「脅迫的情熱」と「調和的情熱」

の2種類があると述べています。脅迫的情熱は、自制心や執着心やプレッシャーを生み出しますが、調和的情熱は健全なかたちで私たちを動かします。私たちに必要なのは調和的情熱です。この情熱があれば、執着につながる不健全な感情をもつことなく目標に向かって進めるのです。

偽物の情熱というものは存在しません。情熱は、「ある」か「ない」かのどちらかだけです。重要なのは、感情を無視したり抑圧したりすることなく、健全な情熱をもち、それがどこに続いているかを見極めることです。あなたの真の情熱は、最初に惹きつけられたものに向いていているかもしれませんし、もっと深いところにある別の何かに続いているのかもしれないのです。

たとえば、私が健康について研究しはじめたとき、最初に強く惹きつけられたのは「食」というテーマでした。当時の私は太っていて、活力がなく、ニキビだらけで、髪の毛もパサパサでした。そんな自分を変えたくて、身体の燃料である食事について学びはじめたのです。食生活を変えて、身体に明らかな変化が現れると、私はますます栄養学の勉強にのめり込み、さまざまなクリニックで働きながら、植物由来のレシピを試すのに数百時間を費やしました。

その後、食生活の原則に関する本を何冊か書いたあと、自分の情熱がわずかに変化していることに気がつきました。といっても、食事に対する関心が薄れたわけではありません（食事の研究はいまでも熱心に続けています）。私はただ、自分がすでにじゅうぶんな知識を身につけていることに気がついたのです。次のステップに進み、より高いレベルでの学習をすべきだと思えました。そこで、今度は食事だけにとどまらず、肉体のケア、感情面や精神面の健康、スピリチュアルな成長といった幅広い観点から人間の身体を研究し、その成果を多くの人に教えることにしたのです。第3章で紹介した「真の美しさと幸福のための4つの原則」には、私の情熱がすべて込められています。

私の目標が「他者が健康になるのをサポートする」ことなのは変わっていません。でも、この思いは日ごとに強くなっています。目標に向かって一歩を踏み出すたびに、それまで見えなかった新しいものが見えるようになるからです。私の「食に対する情熱」には大きな価値がありましたが、食という枠のなかにとどまるだけでは真の満足感は得られませんでした。真の満足感とは、他者とつながり、自分の身体とつながり、そして何よりも「真の自己」とつながることでしか得られないものなのです。

あなたはいま、何に情熱を傾けていますか？　その対象は、数年前、あるいは数か月前とは違っているかもしれません。一歩前に進むたびに、自分の情熱がどこに向いているかを確認し、その対象をしっかりと見定める癖をつけてください。

振り返り――エネルギーにかたちを与える（2）

以下の質問に対する答えを日記に書き出してみましょう。

1．いま、何をしてもいいとしたら、あなたは何に情熱を傾けたいですか？（遠慮したり謙遜したりせずに、素直な気持ちで答えてください）

2．あなたの長所（「エネルギーにかたちを与える（1）」の質問1を参照）は、あなたの情熱を支えるにあたってどのように役立つでしょうか。

※たとえば、「母親向けのウェブサイトの立ち上げ」に情熱を注いでいる場合、「温厚」「器が大きい」といった長所があれば、その人柄が文章にも表れて、多くの母親があなたのウェブサイトに集まってくるでしょう。

3．あなたの得意なこと（「エネルギーにかたちを与える（1）」の質問2を参照）は、なんらかのかたちで、あなたの情熱を支えるのに役立ちますか？

※たとえば、「気難しい人とでも仲良くできる」なら、母親向けのウェブサイトのチ

ャットグループの司会を務め、メンバーの仲をとりもって、円満な話し合いの場をつくれるでしょう。

あなたはいま、何をつくり出すべきでしょうか？　この質問に答える前に、まずは瞑想をしてください。短い時間でかまわないので、きちんと目を閉じ、瞑想の姿勢をとって、集中して瞑想しましょう。

瞑想する時間がとれない場合は、この質問に答えてはいけません。その日の夜か次の日の朝の瞑想を終えてから、あらためて回答を書き込んでください。

輪を広げる

他者の幸福のことまで考えてアイデアを出せるようになると、私たちの実現力は飛躍的に高まります。世界から切り離され、孤立した状態を抜け出し、全体の一部になるからです。それによって初めて、私たちは神から授かった力を100％発揮できるようになるのです。その力は、ちょうど血液のように身体のなかを流れています。血液がよどみなく流れていれば、臓器や筋肉や脳に生命力が行き渡りますが、血液の流れが悪くなったり、どこかでせき止められたりしたらどうでしょう。脳卒中や心臓発作を起こし、最悪の場合は死に至ります。霊的な流れに関しても同じことが言えるのです。

家族や友人を愛することも大切ですが、その愛を世界中に広げる努力を怠ってはいけません。その「拡大」こそが、悟りに達するための鍵になります。自分を狭い範囲に限定したまま何かをするのは、成長や豊かさや愛、そしてほかのあらゆる可能性を捨てるのと同じことです。

逆に言えば、全体に目を向け、他者に何かを与えれば、あなたは与えた以上のものを受け取れます。陳腐な言葉だと思う人もいるかもしれませんが、これは真実です。

すべての兄弟、すべての姉妹と結びついている状態こそが、私たちの自然な状態です。私たちは、自分のためだけに生きるようにはつくられていないのです。利己的な生き方をしていると、つねに欠乏感にさいなまれ、私たちにもともと備わっている豊かさから切り離されてしまいます。

だから、人生を価値あるものにしたいなら、何かをするときも、何かを言うときも、何かを考えるときも、つねに他者のことを意識するようにしてください。

成功や成長に関する著書を80冊以上発表している作家、ブライアン・トレーシーは、このことを的確に言い表しています。
「成功する人は、つねに他者を助ける機会を探している。成功しない人は、つねにこう自問している。『自分にどんな得があるのだろう？』」[7]

この言葉は、以前ポッドキャストでインタビューしたスコット・ハリソンのことを思い出させます。スコットは世界中を飛びまわるクラブのプロモーターで、パーティーをこよなく愛していました。しかし、物質的な成功を手にしたにもかかわらず、彼は私に「日に日にむなしい気分になっていく」と語りました。あるときから、人生が薄っぺらく感じられ、派手な遊びに興味を感じなくなったのだと言います。

要約すると、スコットは「自分のことにばかり時間を費やし、他人のために何かをしてこなかった」ことに気がついたのです。そこで、ボランティア活動を始めたところ、「生きる」ことの意味を再発見するに至りました。やがて彼は、他者のために何かをすることにすべての時間を使うようになり、マーケティングの知識を活かして非営利団体〈チャリティ・ウォーター〉を設立しました。この団体は、毎年数百万ドルの資金を集め、清潔な水が手に入らない地域に住む何千人もの人々のために井戸を掘っています。大きな利益に焦点を合わせることが、彼にとっての成功の鍵だったのです。

あなたも、自分の意志を大きな利益のために使ってみてください。そうすれば、驚くほど多くのものを受け取ることになります。心の声に耳を傾ければ、何をすべきかがわかるはずです。そして、ヨガナンダの教えを心に留めておきましょう。

「自分の家族だけでなく、あらゆる人のために何かをするようになれば、あなたはたちまち神に近づいていきます[8]**」**

動的な意志の力

自分の情熱を何に向けるかを決めたら、次は意志の力を使って行動しましょう。ヨガナンダの教えにおいて、意志は最も重要なものとされています。意志については第12章でも説明しましたが、まだまだ足りません。ここでは、意志と創造の関係についてもっと掘り下げたいと思います。

意志の力について語るとき、多くの人は「何かを実現する」ことと関連づけて話をします。マラソンを走るとか、夕食をつくるとか、貯金をするとか、子どもを育てるといったことです。心理学者たちの一般的な見解によると、意志の力には「満足するのを先送りにすること。長期的な目的を達するために、短期的な誘惑に耐えること」という定義があります[9]。

ヨガナンダはよく、「動的な意志の力」という言葉を使いました。これは、どのような状況においても、意志の力を強く発揮することを意味しています。

「動的な意志の力によって思考を保つことは、その思考パターンに動的な力が備わるまで保持することを意味します。意志の力を用いて思考を動的にすれば、みずからの心の設計図に従い、新たな原子をつくり出したり、望みどおりの配列に並べ替えたりできるのです[10]」

思考は、あなたが思っている以上に強力なものです。「心の設計図に従う」というヨガナンダの言葉は、「思考から何かを創造する」ことを表しています。思考の力を科学的に裏づけるものに「ミラーニューロン」があります。ハーバード大学医学部で教鞭をとるスリニ・ピレイ博士は、他人が何かをしているのを観察するとき、観察者の脳も同じように活性化し、自分があたかも同じ行動をとっているかのように感じると述べています[11]。そのとき活性化するのは、脳の運動前野と頭頂葉です。このことを踏まえると、自分の目標や夢が実現した状態を思い浮かべれば、脳はそれらが現実に起きているときと同様の神経パターンをつくりはじめ、結果的に、目標や夢の実現に一歩近づけると考えられます。

真の自己はすべてを知っています。その内なる知識に最後までしがみつきましょう。真の自己を信じ、目標に向かって努力を続ければ、神聖な力があなたに味方してくれます。じっと座ったまま「あれが欲しい」「これが欲しい」と口にして、誰かがそれらを手渡してくれるのを待っていてはいけません。私たちは、神から与えられた意志の力を使わなければならないのです。

まずはとにかく、創造性を発揮してアイデアを出してみましょう。細かいことはあとでいくらでも調整できます。自分の内面に目を向ければ、アイデアがいくつも出てくるはずです。

心理学者のなかには、意志の力は無限ではなく、限られた精神エネルギーから生じるものだと主張する人もいます。精神エネルギーがゼロになると、意志の力も自制心も失われてしまうというのが彼らの考えです。[12] しかし近年、この説に疑問を呈する研究がいくつも発表されています。たとえば、スタンフォード大学の心理学者であるキャロル・ドゥエックとその同僚たちが『米国科学アカデミー紀要』に発表した研究もそのひとつです。ドゥエックは、「意志の力と自制心が減少する兆候が見られたのは『意志の力は限られた資源である』と信じている被験者だけだった」と述べています。意志の力を無限のものだと考えている被験者には、そのような兆候は観察されなかったのです。[13]

トロント大学の心理学教授であり、トロント社会神経科学研究所の責任者を務めるマイケル・インズリヒトも、意志の力は有限の資源ではなく、どちらかというと感情と同じような働きをするものだと考えています。彼の理論によると、意志の力の強さは、その人の身に起きたことや感情によって上下しますが、怒りや喜びといった感情が枯渇しないのと同じで、意志の力を使いきることもできないのです[14]。

　とはいえ、日常生活においては、意志の力に頼るだけではうまくいかないこともあります。あなたはこう言うかもしれません。ダイエットを成功させるには、運動をしたり、いろいろな器具を購入したり、アプリを使ってモチベーションを維持したり、スケジュールを管理したりと、複雑なことをしなければならないじゃないですか、と。

　たしかにそのとおりです。ダイエットを成功させたいのなら、複雑で多岐にわたるアプローチが必要になってきます。でも、すべての始まりはあなたの意志です。すてきな身体を手に入れたいと思ったなら、まずは動的な意志をもちましょう。ダイエット法をあれこれ試す前に、Ｎｅｔｆｌｉｘのせいで寝不足にならないよう気をつけましょう。一度決めたことを最後までやり遂げるには、意志の力が不可欠なのです。

　ヨガナンダは、私たちに神聖な意志の力が備わっていることだけでなく、私たちはその力を使うために存在しているとも述べています。

「神はあなたとともにあります。あなたには、神から借りた力を行使することができるの

です。その力を使うとき、神はあなたの近くにやってきて、力を貸してくれるでしょう」[15]

また、ヨガナンダの師であるスワミ・スリ・ユクテスワは、「意志の力が強ければ、あなたのあらゆる想像は現実のものになる」という言葉を残しています。

この言葉は、シンプルなようでいてとても奥深いものです。ユクテスワは、願望を実現させたいのなら、意志という生まれながらの才能を必死に注ぎ込まなければならないと言っているのです。ヨガナンダも次のように説きました。

「あなたの居場所は天から降ってくるものではありません。だから、建設的な行動を通して意志の力を注ぎつづけなければならないのです。（中略）もしかしたら、あなたの願いに合致する場所はこの世にはないかもしれません。しかし、意志の力を注いでいれば、あなたの望みはなんらかのかたちで現実のものになるでしょう」

意志の力は魔法を生み出します。そして、あなたは生まれながらの創造者です。ぜひ、あなたにしか生み出せないものを、この世界に送り出してください。

実践的なアドバイス――創造者になる

1．瞑想によって最高のアイデアを引き出す

内なるアイデアを引き出す絶好のタイミングは、瞑想を終えたあと、つまり心が落ち着いていて、真の自己とつながっている状態のときです。まずは自分の内側に意識を向け、論理を超えて直観の奥深くへと降りていきましょう。最高かつ最良のアイデアは、論理ではなく直観のなかにあるのです。

何か決断を下したり、重要なことに挑戦したりするときは、まずスピリットとつながることが重要だとヨガナンダは述べています。静かに座り、呼吸と思考を落ち着かせ、感覚を鎮めたら、本書で紹介した基本的なテクニックを活用して深く瞑想しましょう。あなたはやがて、ヨガナンダの言う「スピリットの偉大な創造力」に導かれていきます。

2．沈黙の時間を見つける

四六時中しゃべっていると、創造のためのエネルギーが外に流れ出してしまいます。また、「聞く」余裕もなくなるので、直観があなたを創造へと導こうとしても、その声はけっして届きません。**沈黙と振り返りによって、私たちは「過剰なまでの理性」から離れ、「思考を鎮め、直観による知覚に置き換える」ことができる**とヨガナンダは述べました。[16] 私にとっては、日課にしている1時間の散歩が「沈黙の時間」です。私は基本的に、何があってもこの時間を確保するようにしています。家にいると、たいてい子どもたちや仕事仲間や夫がやってきて、あっという間に沈黙の時間が終わってしまうからです。

3．視覚化する

創造的なアイデアが生まれたら、その最終的なかたちを視覚化するようにしましょう。不確定事項が残っていたり、実現するまでの具体的な道筋が見えていなかったりしても大丈夫です。できるだけ細かいところまでイメージして、気分が高まるのを感じてください。重要なのは、他者にどんな利益があるか、他者の生活の質がどのように向上するかまで含めてイメージすることです。

4．確信をもつ

視覚化するだけではアイデアは実現しません。次は意志の強さを使って、視覚化したイメージを「確信」に変えましょう。ヨガナンダはこう言いました。

「困難をものともせずに確信をもっていられたら、それは現実になるでしょう[17]」

5．書き留める

何かアイデアが生まれたら、そのアイデアが育っていく過程を書き留めるようにしましょう。これは、あなたのアイデアを現実のものにするための第一歩です。スマホやパソコンに打ち込むのではなく、手書きのほうがおすすめです。手で書いたほうが脳が活性化することは、研究によって明らかになっています。[18]

6．習慣を管理する

ヨガナンダは、習慣が人生に与える影響について長い時間をかけて語っています。私たちの夢を現実にする能力も、習慣に大きく左右されます。

「自分の本当の欲求とは正反対の行動をとったり、反応をしたりした経験はありませんか？　それは、あなたが長い時間をかけてそういう習慣をつくり上げ、無意識のうちにその習慣に従うようになったからです。あなたはまず、自分の行動に影響を及ぼし、本当の欲求を満たせるような習慣を確立しなければなりません」[19]

日々の習慣が、自分の望みを支えているのか、それとも妨げているのかを自問してみましょう。「健康になる」という願望があるのに毎日タバコを吸っている人は、いったん立ち止まって考え直してみましょう。あるいは、「ビジネスで成功を収める」という願望があるのに朝のミーティングに遅刻してばかりいるとしたら、あなたの望みはまだまだ弱いものだと言えます。毎日の習慣を細かく観察し、自分の望みに合わせて改善するか、完全にやめてしまいましょう。

7．他者とうまくやる

あなたの夢が、円満な家庭を築くことだとしても、ジュエリーやフラワーリースの新しいブランドを立ち上げることだとしても、その夢を実現するには多くの人を巻き込んでいかなければなりません。メーカー、顧客、家族、友人、子どもの教師やコーチ、営業チーム、広報チーム……思い当たる人はいくらでもいます。だから、他者とうまくやることはとても重要です。人間関係は、あらゆる意味でやっかいなものです。ふだん一緒に仕事をしている人たちでさえ、みな敏感な部分、触れてはいけない部分を隠しています。だから、一人ひとりと臨機応変に付き合っていかなければなりません。ヨガナンダはこう言いました。

「相手に対して偉そうな態度をとったり、怒りをぶつけたりせず、心からの愛をもって接すれば、あなたを誤解する人はほとんどいなくなります[20]**」**

エゴではなく愛情に従い、つねに大きな利益を求め、Ｗｉｎ－Ｗｉｎの関係を築くようにしましょう。そして、自分の夢の実現につながるような決断を下すことを心がけましょう。

8．慎重になる

自分の夢を見つけたとしても、しばらくは誰にも言わないほうがいいかもしれません。最初のうちは、家族や友人であっても、あなたの夢に反対したり、意志の強さを疑うようなことを言ってきたりする可能性があります（悪意がないにしても、です）。小さなアイデアが生まれたときは、すぐに人に話すのではなく、じゅうぶんな大きさに育つまでひとりで努力を続けることをお勧めします。せっかく夢を見つけたのであれば、他人を説得するためにエネルギーを使う暇などないはずです。

9．粘り強さをもつ

意志の力を使うことは、マラソンやクライミングの練習に似ています。大会で優勝できそうなほどいいペースで走れる日もあれば、ふだんの半分の力しか出せない日もあります。でも、あきらめないでください。目標を見据えて、望む成果はすでに自分の手のなかにあると思い出しましょう。
ヨガナンダはこう述べています。

「注意力を集中させると、あなたのあらゆる力が最大限に発揮されます。その力を使えば、霊的、精神的、物質的な成功を収めることができるのです[21]」

第20章

実践する

瞑想③ 光を広げる

求道者は、人生の最も重要な目的が何かを知っています。それは、自己実現という目標を達成することです。瞑想を通じてみずからの魂の本質を知り、自分が幸福に満ちたスピリットと一体であると自覚することなのです

パラマハンサ・ヨガナンダ[1]

光を広げる

「愛と光」というフレーズは、誰しも一度は聞いたことがあるでしょう。愛については本書で何度も触れていますし、光についてもすでに言及したと思います。でも、あらためて考えると、光とはいったいなんなのでしょうか？　光とは、あらゆるかたちを超越した純粋なエネルギーです。『バガヴァッド・ギーター』では、宇宙エネルギーや宇宙の光は、「ヴィヴァスヴァット」と呼ばれています。ヨガナンダは、ヴィヴァスヴァットとは「光を放つ者、あるいは光を拡散させる者」だと説明しています。

「遍在する宇宙エネルギーや宇宙の光は、極小の太陽となり、霊眼というかたちで人間のなかに存在しています。瞑想中に、求道者の意識と、ふたつの肉眼から流れる２本のエネルギーが眉間に集まったとき、それが見えるようになるのです[2]」

第10章で説明したように、第三の目に意識を集中すれば、誰もが秘めている光にアクセスできます。光は髄質を通して人間のなかに入り込み、それから第三の目を照らします。神の目をもてば、その光を見ることができるのです。真の自己を本当の意味で理解し、私たちのなかにある光にアクセスするためには、瞑想の時間を長くして、第三の目にいま以上に意識を集中させなければなりません。この特別な場所にすべての神経を集中させると、そこにあるエネルギーと意識が調和しはじめます。それによって、私たちは自分の本質を理解できるようになるのです。ひとまず、最初はこんなふうに考えておくだけで大丈夫です。

「瞑想するときは、第三の目に意識を集中させておこう！」

やがて、スピリットと一体になる感覚がわかるはずです。あなたは、スピリットを自分の細胞のように感じることでしょう。また、瞑想を続けていると、霊眼に秘められた光を何度も感じるようになります。

「高みを目指すヨギは、最初に内なる光を、次に宇宙的な知覚を体験します」と、ヨガナンダは述べています[3]。

意識が拡大すると、どんな場所にいても、どんなものを前にしても、そこにスピリットを見出せるようになります。人々、ペット、窓の外にいる鳥、自分の部屋、家具、植物、木々、建物、村、都市……スピリットはどこにでも存在します。すべてのものは源(ソース)から生まれました。例外はありません。つまり、あなたのまわりに存在するすべてのものが「神」を内包しているのです。瞑想を続ければ続けるほど、このことを理解できるようになります。インドの聖なる賢者を指す「リシ」という言葉は、直訳すると「預言者」という意味になります。リシたちは、第三の目を通して世界を眺めています。一般の人より拡大された意識をもちながら、この世界を生きているのです。彼らは文字どおり「多くの真実」を見ながら生きています。そして重要なのは、あなたや私にも同じ生き方ができるということです。多くの真実を見ることは、一部の聖人だけに与えられた特権ではありません。その道は、私たち全員のために開かれているのです。

私が初めて光を感じたのは、自宅の近くにある山をひとりで散歩していたときです。ふと、オークの木のあいだから差し込む陽光を見上げた瞬間、世界のあらゆるものごとを理解できた気がしたのです。それは、人生がひっくり返るような体験でした。私のなかにあるすべての細胞が光を感じていました。たとえるなら、100万ワットの巨大なサーチライトに照らされ、その光が全身のあらゆる場所を通って外に抜けていくような感じです。私は浄化され、神経が研ぎ澄まされると同時に、不安や恐れや悩みから解放されました。いらだち、欠乏感、不満といった日常のささいなことが、心からどうでもよく思えたのです。

そのわずか数分間の体験は、私という人間をすっかり変えました。いまでは、瞑想中に同じような体験をすることはよくありますし、あのときのように、日常の何気ない瞬間に光を感じることも増えています。この章で紹介する練習を通じて、あなたはスピリットに秘められた愛が途方もない大きさだということを知るでしょう。その愛は、私たちがいままでに感じてきたどんな愛よりも強く、しかも心を広げてくれるものです。あなたはきっと、自分と他人をいま以上に信頼し、愛せるようになるでしょう。

実をいうと、あなたはすでに、人生において私と同じような体験をしています。そのことに気づいていないだけです。たとえば、車を運転しているとき、子どものおむつを替えているとき、洗濯物をたたんでいるとき、スムージーをつくっているとき、愛する人とキスをしているとき、あるいは郵便物の受け取りに向かっているときに、とつぜんすべてを「理解する」瞬間が訪れたことはありませんか？

そのとき、あなたは真の自己を目にしているのです。喜びは感じられないかもしれませんが、悲しみも感じません。あなたはただ、その瞬間に存在しているのです。しかし、運よくその感覚を味わえたとしても、たいていの人はすぐに日常に引き戻されてしまいます。だからこそ、瞑想が重要になってくるのです。瞑想は、「理解する」瞬間を拡大し、掘り下げて、すべてのものと完全に一体化する感覚を教えてくれます。

真の自己を理解するためには、あなた自身が「経験」することが必要です。本書で紹介してきた数々の知恵は、自分を掘り下げ、心をありのままに働かせるために欠かせないものです。しかし、これらの知恵の最終的な目標は「効果的な瞑想への道を切り開く」ことです。効果的な瞑想こそが、スピリットとの一体化を経験するための唯一の方法だからです。

ワンネスの真理

これから紹介するのは「拡張」に焦点を当てた瞑想法です。これは、「意識を拡大すれば、小さなエゴ、小さな自己を超越し、ワンネスの真理に気づくことができる」ことを示すためにヨガナンダが広めた基本的なテクニックに基づいています。

ワンネスを自分のものにすると、人生が一変します。小さな視点でものごとを考えたり、他者と比べたりすることがなくなり、つねに融合と調和を感じられるようになります。偉大な創造力が、あらゆる人やものごとを通じて無限のかたちで顕在化するのです。それこそがワンネスの本当の意味です。私たちは、見た目、行動、体つき、性格といった部分こそ違っていても、みな同じ源（ソース）から生まれています。だから、私たちはお互いにつながっていて、お互いがもつすべてのものを共有できるのです。そのつながりはとても強固です。ヨガナンダの言葉を知れば、私たちは「自分が思っている以上に価値がある存在」だとわかるでしょう。

「すべての人は、あなたの友人であるだけでなく、あなた自身でもあります。友人とは、神が仮装した姿なのです[4]」

それでは、光と一体になるための練習を始めましょう。

光と一体になるための練習

1. 座る

瞑想用の椅子に座り、正しい姿勢をとります。背骨はまっすぐ伸ばしてください。

2. 集中する

これから練習を始めるという意識をもちましょう。意識を集中し、これから行う練習のことだけを考えます。

3．緊張と弛緩

ヨガナンダが推奨した「緊張と弛緩」のための呼吸法（第7章で説明したものです）を行います。[5] いったんこの呼吸法をおさらいしておきましょう。

まずは息を吸い込み、全身に力を入れて、そのまま6秒数えます。次に、「ハアーッ、ハアッ」と音を立てながら息を2回続けて吐き出し、同時に全身の緊張を緩めます。この呼吸を3回繰り返してください。

4．〝隙間〟を広げる

今度は、第4章で紹介した「〝隙間〟を広げるエクササイズ」を行います。今回のエクササイズはこれまでの総集編のようなものなので、最低でも5〜10分は行うのが理想です。

5．光を見る

最初のステップを終え、瞑想の準備ができたら、内なる視線を第三の目（眉間から1・5センチほど上）に向けてみましょう。

そして、「ピース」や「シャンティ」などの簡単なマントラを唱えながら、第三の目から白い光が放たれているのをイメージします。指を軽く当てると、その部分に意識を集中させられます。

この練習は、最初のうちは最低でも2、3分ほど行い、練習を重ねるにつれてもっと長くしていきましょう。

6．光を全身に広げる

今度は、光が広がっていき、額全体を包むほど大きな輪になるのをイメージしましょう。光はその後も広がりつづけ、顔全体、首と肩、腕、胴体、脚へと広がっていき、やがて、あなたの身体を構成するすべての細胞が光で満たされます。少なくとも数分間、あるいはエクササイズが無事に終わったと思えるまでずっと、その脈打つ光のなかにとどまりましょう。

7．光を身体の外側に広げる

光が自分の身体を超えて広がっていくのをイメージしてみましょう。あなたの身体は巨大なミラーボールになり、四方八方に光を放っています。その光が周囲を照らすのを想像してください。あなたの家や周囲のビルが明るくなるのを感じてください。そして、その光が外の世界に広がっていくのを目撃してください。あなたが放った光は、あなたの暮らす街や村、市や州、さらには国を越えて成長していきます。海を越え、山を越え、あらゆる国境を越えて、世界中が白い光で照らされるのをイメージしてください。やがて光は地球も越えていき、星々や惑星、そしてそのあいだに広がる真っ黒な空間まで広がり、多元宇宙を包み込みます。宇宙まで拡大された意識のなかに、数分間とどまってください。

8．ワンネスの感覚を統合する

眉間の一点から生まれた光が、宇宙全体、さらにはその先まで広がっていくのを感じながら、自分が森羅万象の一部であり、あらゆるものとつながっていることを思い出してください。光の外側、つまりあなたの外側には何も存在しないのです。

その感覚を言葉で表すことはできません。でも、長い時間をかけて練習を重ねれば、やがて自分と自分以外のもののあいだに「境界線」などないとわかるでしょう。この世界には、あなたから切り離されているものはありません。私の言うことが信じられない人は、簡単な思考実験をしてみてください。あなたはいま、愛する人から3フィート離れた場所に立っています。そして、あなたと相手のあいだには空飛ぶカメラが浮かんでいます。あなたは、画面のついたリモコンを使ってカメラを上空に飛ばしました。カメラの映像はリモコンの画面に映し出されます。さて、500フィート、1000フィート、1マイル、10マイルと上昇していくと、画面には何が映るでしょうか?

カメラが高く上がるにつれて、あなたと愛する人との距離はどんどん縮まっていきます。ある段階を越えると、あなたと相手を隔てる「3フィート」は消えてなくなるでしょう。では、カメラを宇宙まで飛ばすとどうなるかわかりますか?

今度は、あなたと世界中のすべての人を隔てる空間が消え去るのです。以上が、「真の自己」がもたらす感覚です。真の自己を目覚めさせれば、ミクロな視点とマクロな視点の両方を手に入れられるのです。ミクロな視点からは、あなたと私には数えきれないほどの違いがあり、お互いにすばらしい美点をもっていることに気づけます。でもマクロな視点からは、あなたも私も、ほかのすべての人も、ひとつの創造物の一部だとわかるのです。

ワンネスという概念を本当の意味で「理解」するまでには時間がかかるかもしれません。でも、ワンネスを視覚化し、受け入れる準備をすることはすぐにできます。

ワンネスは、自分のなかにある光を目撃した人にしか手に入れられません。必要なのは忍耐です。練習を続けてください。私自身、自分のなかにある光を見て、それを外に放つまでに長い時間がかかりましたが、最終的にその境地に達することができました。あなたにもきっとできるはずです。あなたがいずれ感じる、飛躍的に広がっていく明るさと、あなたのなかにある深い愛と平和には、何よりも価値があるのです。

9．感謝の気持ちで終える

いつものように、こうして生きていることに感謝の気持ちを表しましょう。こうして悟りの道を歩めること自体が、私たちに与えられた真の贈り物なのです。

練習を終えたら、両手を合わせて祈りの姿勢をとり、そのまま手を心臓の前に置きます。瞑想のあとにいつもしているように、スピリット、呼吸、先人たちの教え、練習、そしてあなたの心から自然にわいてくるすべてのものに感謝しましょう。もちろん、そのままお祈りを捧げてもかまいません。

第21章

あなたは真の自己

現世の意識を超えると、自分の本質は肉体でも精神でもないことがわかります。そして、自分が存在していること、神聖な意識こそが自分の本質であることを、かつてないほど実感するようになります。宇宙のすべてのものは、あなたから生じているのです

パラマハンサ・ヨガナンダ[1]

読者のみなさんへ

想像してみてください。あなたは美しいビーチに座っていて、目の前では波がしぶきを上げています。暖かく、気持ちのいい日差しが降り注いでいます。足下で砂と海水が渦をつくり、足首が美しい大地のなかに沈み込みます。あなたは心からくつろぎ、平和に包まれています。まさに至福の時間です。

でも次の瞬間、思考が揺れはじめ、不安や心配が襲ってきます。

「ヒーターの電源は切ったっけ？」

「あの小切手は現金化したっけ？」

「そういえば、同僚にメールしなきゃ」

「あの子、病院に行くらしいけど大丈夫かな？」

ついさっきまで穏やかな気持ちだったのに、気づけば不安に包まれています。身体がこわばり、首筋に緊張が走り、呼吸が浅くなります。やがてあなたは、心のなかでこうつぶやきます。

「なんでビーチなんかに来ちゃったんだろう？　家にいればよかった」

その瞬間、あなたは肩に手が置かれるのを感じます。その優しい感触を通して、落ち着きが全身に広がっていきます。一瞬にして、ビーチに足を踏み入れたとき以上に穏やかな気分に引き戻されるのです。あなたは、自分が周囲のものごとにどれほど支えられているかを知っています。すべてがうまくいくとは限りませんが、何かが起きても対処するだけの備えと自信があなたにはあるのです。

あなたの肩に手を置いたのは「真の自己」です。真の自己は、いつでもあなたとともにいます。隣に立っているのではなく、ポケットのなかにいるのでもなく、あなたのなかに存在するのです。自分の〝外〟に答えを求める時期は終わりました。あなたが必死に求めていた喜びや平和は、外の世界にはありません。エネルギーを感じたり、胃のなかがざわついたり、身体を動かしたくなったり、どこかに行きたくなったり、新しいことを経験したくなったり、落ち着かない気持ちになったりするのは、真の自己があなたの注意を引こうとしているせいなのです。

本書で何度も取り上げてきた、美しさや力強さや神聖さといった資質は、真の自己を通じて外の世界へと広がっていきます。これらの資質は、真の自己にとっての四肢や臓器のようなものであり、あなたという人間を構成する重要なパーツでもあります。あなたに必要なのは、こうしたすばらしい資質に意識を向け、敬意を払い、その真価を100％発揮することです。そうすることで、あなたは夢のような人生を送ることができるのです。

本書の執筆中、私は自分の日記に書いた以下のアファメーションを何度となく読み返しています。

「自分の内なる光に同調すればするほど、その光は明るさを増す」

読者のみなさんも、みずからの光を太陽や月のように強く鮮やかに輝かせてください。そうすることで、私たちは悟りを開くことができるのです。悟りへの道をみなさんとともに歩み、偉大なヨガの師（グル）、パラマハンサ・ヨガナンダの教えを分かち合えたことを、心からうれしく思っています。本書の最大の目的は、内なる「平和」と「喜び」をあなたに自覚してもらうことと、愛に満ちた人生を築くヒントを提供することです。鏡を見たあなたが、それまでの人生では見えなかった新しい自分、本当の自分を目にすることを願っています。

何年も前、母が私に言った言葉のとおり「あなたは自分が思っているより価値があります」。

自分が思っているより、ずっとずっと価値があるのです。
一歩ずつ進んで、本当のあなたになってください。
同じ道をゆく友に、大きな愛を捧げます。

キンバリー・スナイダー

訳者あとがき

あなたはこれまで、自分に自信がもてなくなったことはありますか？　他人と自分を比べて落ち込んだり、失敗に囚われて前に進めなくなったりしたことは？

きっと、誰にでもそういう経験があるはずです。

著者のキンバリー・スナイダーも、かつては暗闇のなかで必死にもがく若者のひとりでした。コンプレックスに悩まされ、自信がもてず、同じような失敗を繰り返しては自己嫌悪に陥っていました。でも、20代の初めごろ、何気なく訪れたインドの小さな書店で、偉大なヨガの師（グル）、パラマハンサ・ヨガナンダの本に出会います。その日を境に、彼女の人生は大きく変わっていきました。

ヨガナンダの教えに学び、自分の本当の〝価値〟を知ったスナイダーは、理想の人生を歩み、いまでは作家、栄養士、スピリチュアル・ガイドとしてカリスマ的な人気を誇っています。彼女は次のステップとして、ヨガナンダの教えをほかの人たちと分かち合うことにしました。そうして生まれたのが、本書『あなたは自分が思っているより価値がある（You Are More Than You Think You Are）』です。

パラマハンサ・ヨガナンダは、東洋のヨガの思想を西洋に広めた偉大なヨガ指導者です。1800年代の終わりにインドで生まれたヨガナンダは、若いときにヨガの思想を学び、1920年に渡米してアメリカ全土でその教えを説いてまわりました。彼の教えは、いまなお世界中の人々に多大な影響を与えています。

ヨガナンダの影響を受けた人物として、真っ先に名前が挙がるのがスティーブ・ジョブズでしょう。ヨガナンダの著作『あるヨギの自叙伝』は、ジョブズのiPadにダウンロードされていた唯一の書籍だと言われています。10代のときにこの本に出会って以来、生涯を通じて愛読していたそうです。ジョブズの葬儀の日には、参列者全員にこの本が配られました。日常的に瞑想を行い、直観力を伸ばしつづけたからこそ、ジョブズは常識をくつがえす数々の製品を世に送り出せたのではないでしょうか。

現代においては、ヨガはエクササイズの一種だと見なされる傾向がありますが、本来のヨガは「精神の修行」です。「呼吸」と「瞑想」を通じて自分を掘り下げ、秘められた力を解放し、真の幸福を手に入れるためのツールなのです。

スナイダーは本書を通じて、ヨガナンダの著作や講演から引用した言葉を紹介しながら、「真の自己」にアクセスし、人生をよりよいものに変える方法を教えてくれます。また本書には、ヨガナンダの教えに基づいた瞑想と呼吸の練習法も多数収録されています。短時間でできるものばかりなので、ぜひ日々の生活に気軽に取り入れてみてください。

この幸福への〝ガイドブック〟を読んだ方が、ほんの少しでも自信をもち、ほんの少しでも前向きな気持ちになってくれたとしたら、訳者としてうれしく思います。

最後になりますが、翻訳にあたっては、サンマーク出版の武田伊智朗さんにたいへんお世話になりました。この場を借りて、心よりお礼を申し上げます。

芝　瑞紀

注

第 1 章

1. Paramahansa Yogananda, "Illumine Your Life with the Flame of Self-Realization," *Self-Realization*, Winter 2011.
2. Paramahansa Yogananda, "How to Use Thoughts of Immortality to Awaken Your True Self," *Self-Realization*, Winter 2005.
3. Paramahansa Yogananda, *Highest Achievements Through Self-Realization* (Los Angeles: Self-Realization Fellowship, 2019) flipbook.

第 2 章

1. Paramahansa Yogananda, *The Divine Romance: Collected Talks and Essays on Realizing God in Daily Life, Volume II* (Los Angeles: Self-Realization Fellowship, 1986).
2. Bert Tuk, "Overstimulation of the Inhibitory Nervous System Plays a Role in the Pathogenesis of Neuromuscular and Neurological Diseases: a Novel Hypothesis" [Version 2; peer review: 2 approved], *F1000Res.* 5: 1435 (August 19, 2016). doi: 10.12688/f1000research.8774.1.
3. "Shadow (Psychology)," Wikipedia, modified April 26, 2021, https://en.wikipedia.org/wiki/Shadow_(psychology).
4. 同上。

第 3 章

1. Paramahansa Yogananda, *Sayings of Paramahansa Yogananda* (Los Angeles: Self-Realization Fellowship, 1980), 95.
2. Paramahansa Yogananda, *God Talks with Arjuna: the Bhagavad Gita* (Los Angeles: Self-Realization Fellowship, 1995).
3. Paramahansa Yogananda, *The Divine Romance: Collected Talks and Essays on Realizing God in Daily Life, Volume II* (Los Angeles: Self-Realization Fellowship, 1986), 93.
4. 同上 , 94 ページ
5. 同上 , 93 ページ

第 4 章

1. Paramahansa Yogananda, Lesson 4: *Self-Realization Fellowship Lessons* (Los Angeles: Self-Realization Fellowship, 2019).
2. Braboszcz, et al., "Increased Gamma Brainwave Amplitude Compared to Control in Three Different Meditation Traditions," *PLoS One 12*(1): e0170647 (January 24, 2017). doi: 10.1371/journal.pone.0170647.
3. Jennifer Larson, "What to Know About Gamma Brain Waves," *Healthline*, June 22,

2020, https://www.healthline.com/health/gamma-brain-waves.

4. Tang, et al., "Induced Gamma Activity in EEG Represents Cognitive Control During Detecting Emotional Expressions," *Annu Int Conf IEEE Eng Med Biol Soc.* (2011): 1717–20. doi: 10.1109/IEMBS.2011.6090492.
5. 同上。
6. Russo, M. A., Santarelli, D. M., and O'Rourke, D., "The Physiological Effects of Slow Breathing in the Healthy Human," *Breathe (Sheff)* 13(4) (2017): 298–309. doi: 10.1183/20734735.009817.
7. Michael J. Aminoff, *Encyclopedia of the Neurological Sciences* (Elsevier Science Inc., 2003), 54.

第5章

1. Paramahansa Yogananda, *Where There Is Light: Insight and Inspiration for Meeting Life's Challenges* (Los Angeles: Self-Realization Fellowship, 2015), 189.
2. Paramahansa Yogananda, *The Divine Romance: Collected Talks and Essays on Realizing God in Daily Life, Volume II* (Los Angeles: Self-Realization Fellowship, 2017), 11.
3. 同上, 14ページ
4. 同上, 15ページ
5. 同上, 5ページ
6. 同上, 5ページ
7. Mark Horoszowski, "5 Surprising Benefits of Volunteering," *Forbes*, March 19, 2015, https://www.forbes.com/sites/nextavenue/2015/03/19/5-surprising-benefits-of-volunteering/?sh=2d7db5b6127b.
8. Paramahansa Yogananda, *Journey to Self-Realization: Collected Talks and Essays on Realizing God in Daily Life, Volume III* (Los Angeles: Self-Realization Fellowship, 1997), 385.
9. 同上, 160ページ
10. Witvliet, C.V.O., Ludwig, T. E., and Vander Laan, K. L., "Granting Forgiveness of Harboring Grudges: Implications for Emotion, Physiology, and Health," *Psychological Science* 12 (2001): 117–123.
11. At the Biocybernaut Institute in Sedona, Arizona.
12. "Giving Thanks Can Make You Happier," Harvard Health Publishing, August 14, 2021, https://www.health.harvard.edu/healthbeat/giving-thanks-can-make-you-happier.
13. Paramahansa Yogananda, The Divine Romance: *Collected Talks and Essays on Realizing God in Daily Life Volume II* (Los Angeles: Self-Realization Fellowship, 2017).

第6章

1. Paramahansa Yogananda, *Sayings of Paramahansa Yogananda* (Los Angeles: Self-Realization Fellowship, 1980).

2. Wayne Dyer, *The Power of Awakening* (Carlsbad, California: Hay House, 2020), 1.
3. Paramahansa Yogananda, *God Talks with Arjuna: The Bhagavad Gita* (Los Angeles: Self-Realization Fellowship, 1995), 440.
4. Paramahansa Yogananda, *The Divine Romance: Collected Talks and Essays on Realizing God in Daily Life* (Los Angeles: Self-Realization Fellowship, 2011), 144.
5. 同上 , 147 ページ
6. Dan Zahavi, *Self and Other: Exploring Subjectivity, Empathy and Shame* (Oxford: Oxford University Press, 2014).（ダン・ザハヴィ『自己と他者：主観性・共感・恥の探究』晃洋書房、2017 年）
7. "Shame and Guilt: The Good, the Bad, and the Ugly," YouTube video, 1:12:15, "ResearchChannel," February 9, 2008, https://youtu.be/febgutDYP7w.
8. Fergus, et al., "Shame- and Guilt-Proneness: Relationships with Anxiety Disorder Symptoms in a Clinical Sample," *Journal of Anxiety Disorders* 24, no. 8 (June 11, 2010): 811–5. doi: 10.1016/j.janxdis.2010.06.002.
9. Lewis, M. and Ramsay, D., "Cortisol Response to Embarrassment and Shame," *Child Dev* 73 (2002): 1034–45. doi: 10.1111/1467-8624.00455.
10. Dickerson, S. S., et al., "Immunological Effects of Induced Shame and Guilt," *Psychosomatic Medicine* 6 (2004): 124–31.
11. Paramahansa Yogananda, *Autobiography of a Yogi* (Los Angeles: The Self-Realization Fellowship, 1946).（パラマハンサ・ヨガナンダ『あるヨギの自叙伝』森北出版、1983 年）
12. Paramahansa Yogananda, *The Divine Romance: Collected Talks and Essays on Realizing God in Daily Life, Volume II* (Los Angeles: Self-Realization Fellowship, 2011).

第 7 章

1. Paramahansa Yogananda, God Talks with Arjuna: *The Bhagavad Gita* (Los Angeles: Self-Realization Fellowship, 1995).
2. Yogananda, Paramahansa. *Where There Is Light: Insight and Inspiration for Meeting Life's Challenges.* (Los Angeles: Self-Realization Fellowship, 1989).

第 8 章

1. Paramahansa Yogananda, *Journey to Self-Realization: Collected Talks and Essays on Realizing God in Daily Life, Volume III* (Los Angeles: Self-Realization Fellowship, 1997).
2. Yaribeygi, H., et al., "The Impact of Stress on Body Function: A Review," *EXCLI Journal* 16 (July 21, 2017): 1057–1072. doi: 10.17179/excli2017-480.
3. Melchior, M., et al., "Work Stress Precipitates Depression and Anxiety in Young, Working Women and Men," *Psychological Medicine* 37, no. 8 (2007):1119–1129. doi: 10.1017/S0033291707000414.
4. HeartMath, "How Stress Affects the Body," *Health & Wellness* (blog), December 6, 2017, https://www.heartmath.com/blog/health-and-wellness/how-stress-affects-

the-body/.
5. Paramahansa Yogananda, *Where There Is Light: Insight and Inspiration for Meeting Life's Challenges* (Los Angeles: Self-Realization Fellowship, 1989).
6. Paramahansa Yogananda, *Journey to Self-Realization: Collected Talks and Essays on Realizing God in Daily Life, Volume III* (Los Angeles: Self-Realization Fellowship, 1997).

第 9 章

1. Yogananda, Paramahansa, *Journey to Self-Realization: Collected Talks and Essays on Realizing God in Daily Life, Volume III* (Los Angeles: Self-Realization Fellowship, 1997), 219.
2 同上。
3. 同上。
4. 同上 , 295 ページ
5. Paramahansa Yogananda, "Self-Realization: Knowing Your Infinite Nature," *Self-Realization*, Fall 2003.

第 10 章

1. Paramahansa Yogananda, *Where There Is Light: Insight and Inspiration for Meeting Life's Challenges* (Los Angeles: Self-Realization Fellowship, 2015), 25.
2. 同上 , 23 ページ

第 11 章

1. Paramahansa Yogananda, *Autobiography of a Yogi* (Los Angeles: Self-Realization Fellowship, 1946).（パラマハンサ・ヨガナンダ『あるヨギの自叙伝』森北出版、1983 年）
2. 同上 , 112 ページ
3. Lufityanto, G., Donkin, C., and Pearson, J. "Measuring Intuition: Nonconscious Emotional Information Boosts Decision Accuracy and Confidence," *Psychological Science* (April 6, 2016). doi: 10.1177/0956797616629403.
4. Gigerenzer, G., and Gaissmaier, W., "Heuristic Decision Making," *Annual Review of Psychology* 62 (January 2011) 451–482.
5. Dijksterhuis, et al., "On Making the Right Choice: The Deliberation-Without-Attention Effect," *Science* 311 (February 17, 2006): 1005–1007.
6. Matthew Hutson, "8 Truths About Intuition: What to Know About What You Don't Know," *Psychology Today*, December 19, 2019, https://www.psychologytoday.com/us/articles/201912/8-truths-about-intuition.
7. 同上 , 302 ページ
8. Paramahansa Yogananda, *The Divine Romance: Collected Talks and Essays on Realizing God in Daily Life, Volume II* (Los Angeles: Self-Realization Fellowship, 1986).
9. 同上。

10. Paramahansa Yogananda, *Journey to Self-Realization: Collected Talks and Essays on Realizing God in Daily Life, Volume III* (Los Angeles: Self-Realization Fellowship, 1997), 111.
11. 同上 , 309 ページ
12. 同上 , 10 ページ
13. 同上 , 73 ページ
14. 同上 , 204 ページ

第 12 章

1. Paramahansa Yogananda, *The Divine Romance: Collected Talks and Essays on Realizing God in Daily Life, Volume II* (Los Angeles: Self-Realization Fellowship, 1986).
2. Lo'eau LaBonta, "Human Energy Converted to Electricity," Stanford University, December 6, 2014, http://large.stanford.edu/courses/2014/ph240/labonta1/#:~:text=The%20average%20human%2C%20at%20rest,can%20output%20over%202%2C000%20watts.
3. Harinath, et al., "Effects of Hatha Yoga and Omkar Meditation on Cardiorespiratory Performance, Psychologic Profile, and Melatonin Secretion," *Journal of Alternative and Complementary Medicine* 10, no. 2 (April 2004): 261–8.
4. Lucas, et al., "A Prospective Association Between Hypotension and Idiopathic Chronic Fatigue," *Journal of Hypertension* 22, no. 4 (April 2004): 691–695.
5. Stephanie Willerth, *Engineering Neural Tissue from Stem Cells* (London: Academic Press, 2017), PDF, iv.
6. Deligkaris, et al., "Job Burnout and Cognitive Functioning: A Systematic Review," Work & Stress, 28, no. 2 (2014): 107–123. doi: 10.1080/02678373.2014.909545.
7. David Hawkins, Letting Go: The Pathway of Surrender (Carlsbad, California: Hay House, 2012), 11.
8. 同上 , 11 ページ
9. 同上 , 20 ページ
10. Paramahansa Yogananda, *The Divine Romance: Collected Talks and Essays on Realizing God in Daily Life, Volume II* (Los Angeles: Self-Realization Fellowship, 1986).

第 13 章

1. Paramahansa Yogananda, "Energization," *Self-Realization*, Summer 2016.
2. Sandra Anderson, "The 5 Prana Vayus Chart," Yoga International, https://yogainternational.com/article/view/the-5-prana-vayus-chart.
3. Paramahansa Yogananda, "The Divine Art of Erasing Age and Creating Vitality," *Self-Realization*, Fall 2007.

第 14 章

1. Paramahansa Yogananda, *The Divine Romance: Collected Talks and Essays on*

Realizing God in Daily Life, Volume II (Los Angeles: Self-Realization Fellowship, 1986), 330.
2. 同上。
3. Paramahansa Yogananda, *Autobiography of a Yogi* (Los Angeles: Self-Realization Fellowship, 1946).（パラマハンサ・ヨガナンダ『あるヨギの自叙伝』森北出版、1983 年）
4. Paramahansa Yogananda, *The Divine Romance: Collected Talks and Essays on Realizing God in Daily Life, Volume II* (Los Angeles: Self-Realization Fellowship, 1986), 330.

第 15 章

1. Paramahansa Yogananda, *The Divine Romance: Collected Talks and Essays on Realizing God in Daily Life, Volume II* (Los Angeles: Self-Realization Fellowship, 1986), 330.
2. Paramahansa Yogananda, *Para-Grams* (Los Angeles: Self-Realization Fellowship).
3. Paramahansa Yogananda, *Where There Is Light: Insight and Inspiration for Meeting Life's Challenges* (Los Angeles: Self Realization Fellowship, 2015), 87.
4. Hunt, T., and Schooler, J., "The 'Easy Part' of the Hard Problem: A Resonance Theory of Consciousness," Authorea (January 04, 2019). doi: 10.22541/au.154659223.37007989.
5. 同上。
6. Steven Strogatz, *Sync: How Order Emerges from Chaos in the Universe, Nature and Daily Life* (New York: Hyperion, 2003).
7. 同上 , 11 ページ
8. Rollin McCraty, *Science of the Heart, Volume 2: Exploring the Role of the Heart in Human Performance* (Boulder Creek, California: HeartMath, 2015), 1.
9. David Hawkins, *Power Vs. Force: The Hidden Determinants of Human Behavior* (Carlsbad, California: Hay House, 2012), 55.（デヴィッド・R・ホーキンズ『パワーか、フォースか［改訂版］:人間の行動様式の隠された決定要因』ナチュラルスピリット、2018 年）
10. 同上 , 26 ページ
11. 同上 , 26 ページ
12. Paramahansa Yogananda, *Autobiography of a Yogi* (Los Angeles: Self-Realization Fellowship, 1946).（パラマハンサ・ヨガナンダ『あるヨギの自叙伝』森北出版、1983 年）

第 16 章

1. Paramahansa Yogananda, *Scientific Healing Affirmations* (Los Angeles: Self-Realization Fellowship, 1929).
2. 同上。
3. 同上。
4. Paramahansa Yogananda, *Where There Is Light: Insight and Inspiration for*

Meeting Life's Challenges (Los Angeles: Self-Realization Fellowship, 2015), 42.
5. Paramahansa Yogananda, *Scientific Healing Affirmations* (Los Angeles: Self-Realization Fellowship, 1929).

第 17 章

1. Paramahansa Yogananda, *Journey to Self-Realization: Collected Talks and Essays on Realizing God in Daily Life, Volume III* (Los Angeles: Self-Realization Fellowship, 1997).
2. Paramahansa Yogananda, *Where There Is Light: Insight and Inspiration for Meeting Life's Challenges* (Los Angeles: Self-Realization Fellowship, 2015), 84.
3. Paramahansa Yogananda, *Man's Eternal Quest: Collected Talks and Essays on Realizing God in Daily Life, Volume I* (Los Angeles: Self-Realization Fellowship, 1975).
4. Pascual-Leone, et al., "Modulation of Muscle Responses Evoked by Transcranial Magnetic Stimulation During the Acquisition of New Fine Motor Skills," *Journal of Neurophysiology* 74, no. 3 (1995): 1037–1045.
5. Paramahansa Yogananda, *Scientific Healing Affirmations* (Los Angeles: Self-Realization Fellowship, 1929).
6. Margie Warrell, "How to Best Self-Doubt and Stop Selling Yourself Short," *Forbes*, December 9, 2017, https://www.forbes.com/sites/margiewarrell/2017/12/09/doubt-your-doubts/?sh=2480141b151a.

第 18 章

1. Paramahansa Yogananda, *Autobiography of a Yogi* (Los Angeles: Self-Realization Fellowship, 1946).（パラマハンサ・ヨガナンダ『あるヨギの自叙伝』森北出版、1983 年）
2. Paramahansa Yogananda, *Cosmic Chants* (Los Angeles: Self-Realization Fellowship, 1974).
3. 同上。
4. 同上。
5. Paramahansa Yogananda, *Journey to Self-Realization: Collected Talks and Essays on Realizing God in Daily Life, Volume III* (Los Angeles: Self-Realization Fellowship, 1997), 280.

第 19 章

1. Paramahansa Yogananda, *Man's Eternal Quest: Collected Talks and Essays on Realizing God in Daily Life, Volume I* (Los Angeles: Self-Realization Fellowship, 1975).
2. Paramahansa Yogananda, *Journey to Self-Realization: Collected Talks and Essays on Realizing God in Daily Life, Volume III* (Los Angeles: Self-Realization Fellowship, 1997).
3. Paramahansa Yogananda, *God Talks with Arjuna: The Bhagavad Gita.* (Los

Angeles: Self-Realization Fellowship, 1995).
4. Paramahansa Yogananda, *Highest Achievements Through Self-Realization* (Los Angeles: Self-Realization Fellowship, 2019).
5. Paramahansa Yogananda, *Man's Eternal Quest: Collected Talks and Essays on Realizing God in Daily Life, Volume I* (Los Angeles: Self-Realization Fellowship, 1975).
6. Paramahansa Yogananda, *The Law of Success* (Los Angeles: Self-Realization Fellowship, 1989).
7. https://www.goodreads.com/author/quotes/22033.Brian_Tracy
8. Paramahansa Yogananda, *Journey to Self-Realization: Collected Talks and Essays on Realizing God in Daily Life, Volume III* (Los Angeles: Self-Realization Fellowship, 1997).
9. "What You Need to Know About Willpower: The Psychological Science of Self-Control," American Psychological Association, 2012, https://www.apa.org/topics/willpower.
10. Paramahansa Yogananda, *The Divine Romance: Collected Talks and Essays on Realizing God in Daily Life, Volume II* (Los Angeles: Self-Realization Fellowship, 1986).
11. Srinivasan Pillay, "Is There Scientific Evidence for the 'Law of Attraction'?" HuffPost, November 17, 2011, https://www.huffpost.com/entry/is-there-scientific-evide_b_175189#:~:text=Recent%20brain%20imaging%20studies%20are,discovery%20of%20%22mirror%20neurons%22.&text=Our%20actions%20cause%20similar%20action%2Drepresentations%20in%20the%20brains%20of%20others.
12. 同上。
13. 同上。
14. 同上。
15. 同上。
16. Paramahansa Yogananda, *The Second Coming of Christ: The Resurrection of the Christ Within You, Discourse* 32 (Los Angeles: Self-Realization Fellowship, 2004).
17. Paramahansa Yogananda, *The Divine Romance: Collected Talks and Essays on Realizing God in Daily Life, Volume II* (Los Angeles: Self-Realization Fellowship, 1986).
18. Askvik, et al., "The Importance of Cursive Handwriting over Typewriting for Learning in the Classroom: A High-Density EEG Study of 12-Year-Old Children and Young Adults," *Frontiers in Psychology* 28 (July 2020). https://doi.org/10.3389/fpsyg.2020.01810.
19. Paramahansa Yogananda, *Man's Eternal Quest: Collected Talks and Essays on Realizing God in Daily Life, Volume I* (Los Angeles: Self-Realization Fellowship, 1982), 409.
20. Paramahansa Yogananda, *Journey to Self-Realization: Collected Talks and Essays on Realizing God in Daily Life, Volume III* (Los Angeles: Self-Realization

Fellowship, 1997), 380.
21. 同上 , 280 ページ

第 20 章

1. Paramahansa Yogananda, *God Talks with Arjuna: The Bhagavad Gita.* (Los Angeles: Self-Realization Fellowship, 1995).
2. 同上 , 427 ページ
3. 同上 , 434 ページ
4. 同上 , 243 ページ
5. Paramahansa Yogananda, *Where There Is Light: Insight and Inspiration for Meeting Life's Challenges* (Los Angeles: Self-Realization Fellowship, 2015), 23.

第 21 章

1. Paramahansa Yogananda, *Man's Eternal Quest: Collected Talks and Essays on Realizing God in Daily Life, Volume I* (Los Angeles: Self-Realization Fellowship, 1982).

推薦図書

『あるヨギの自叙伝』パラマハンサ・ヨガナンダ（森北出版）
『Metaphysical Meditations』Paramahansa Yogananda (Self-Realization Fellowship)
『The Yoga of the Bhagavad Gita』Paramahansa Yogananda (Self-Realization Fellowship)
『Inner Peace』Paramahansa Yogananda (Self-Realization Fellowship)
『To Be Victorious in Life』Paramahansa Yogananda (Self-Realization Fellowship)
『Where there is light』Paramahansa Yogananda (Self-Realization Fellowship)
『Transcending the Levels of Consciousness』David R.Hawkins, M.D.,Ph.D.（Hay House Inc.）
『Letting Go』David R.Hawkins, M.D.,Ph.D.（Hay House Inc.）
『Radical Beauty』Deepak Chopra and Kimberly Snyder (Harmony)
『MicroShifts』Gary Jansen (Loyola Press)

YOU ARE MORE THAN YOU THINK YOU ARE

Originally published in 2022 by Hay House, Inc.

Japanese translation published by arrangement with Hay House UK Ltd.

through The English Agency (Japan) Ltd.

【著者】

キンバリー・スナイダー（Kimberly Snyder）

アメリカ生まれの作家、栄養士、スピリチュアル・ガイド。ジョージタウン大学卒業後、3年間で50か国以上を一人で旅し、そのあいだにさまざまな健康法や伝統、異文化に触れる。その後、米国補完医療大学（American University of Complementary Medicine）で4年間のアーユルヴェーダ・プラクティショナー・プログラムを修了。現在は健康活動家としても活躍しており、数多くのメディアに出演、自身がホストを務めるポッドキャスト「Feel Good」はセレブなどにも人気がある。彼女の著作3作はアメリカ・ニューヨーク・タイムズ紙のベストセラーとなっている。

【訳】

芝瑞紀
（しば・みずき）

英語翻訳者。青山学院大学総合文化政策学部卒。訳書に『すらすら読める新訳　フランクリン自伝』『ある特別な患者』（ともにサンマーク出版）、『シャンパンの歴史』（原書房）、『ビリー・アイリッシュのすべて』（共訳、大和書房）、『約束の地』（共訳、集英社）などがある。

あなたは自分が思っているより
価値がある

2023年9月20日　初版印刷
2023年9月30日　初版発行

著　者　キンバリー・スナイダー
訳　者　芝瑞紀
発行人　黒川精一
発行所　株式会社　サンマーク出版
〒169－0074 東京都新宿区北新宿2－21－1
電　話　03-5348-7800
印刷・製本　中央精版印刷株式会社

定価はカバー、帯に表示してあります。
落丁、乱丁本はお取り替えいたします。
ISBN978-4-7631-4045-6 C0030
ホームページ　https://www.sunmark.co.jp